Alles für ein

One Dream Only

Elodie Nowodazkij

For information, contact elodie@elodienowodazkij.com or visit: www.elodienowodazkij.com
Book and Cover design by Elodie Nowodazkkij
Translator: Gudrun Clausen

Obwohl alle Vorkehrungen getroffen wurden, um die Genauigkeit der hierin enthaltenen Informationen zu überprüfen, übernimmt der Autor und Herausgeber keine Verantwortung für Fehler oder Auslassungen. Es wird keine Haftung für Schäden übernommen, die sich aus der Nutzung der darin enthaltenen Informationen ergeben können.

Bei diesem Buch handelt es sich um Fiktion. Namen, Charaktere, Unternehmen, Orte, Ereignisse und Vorfälle sind entweder die Produkte der Phantasie des Autors oder werden in einer fiktiven Weise verwendet. Jede Ähnlichkeit mit realen Personen, lebend oder tot, oder tatsächlichen Ereignissen ist rein zufällig. Verweise auf reale Personen, Veranstaltungen, Einrichtungen, Organisationen oder Standorte sollen lediglich ein Gefühl von Authentizität bieten, und werden fiktiv verwendet. Alle anderen Charaktere, und alle Zwischenfälle und Dialoge, sind der Phantasie des Autors entsprungen und können nicht als echte ausgelegt werden.

Covergestaltung: Derek Murphy, Creativindie
Innengestaltung: Elodie Nowodazkij
Redaktionell bearbeitet: Double Vision Editorial
Übersetzung: Gudrun Clausen

Three days after the audition

March 21st, 6 p.m.

BLOOD.

The blood is everywhere. On the snow. On my hands. Dripping down my left eyebrow. In my mouth. The metallic taste is on my tongue, overwhelming and overpowering. Stabbing pain shoots through my neck right to my head, and my body is numb from the cold. I shiver without being able to control it. Snow flurries fall steadily on my face, wetting my lips. My throat burns as if I spent hours screaming or crying. The shadows of the trees close in on me.

My breathing accelerates.

How did I wind up here? I close my eyes but I get dizzy, as if I turned in a fast pirouette without having a steady point to anchor me. I open my eyes again, my brain searching for answers, but the memory takes too long to come to me.

Oh.

Papa and I were on the way to the airport.

Drei Tage nach dem Vortanzen

21. März, 6.00 Uhr nachmittags

BLUT.

Das Blut ist überall. Auf dem Schnee. An meinen Händen. In Tropfen von meiner linken Augenbraue. In meinem Mund. Der metallische Geschmack ist auf meiner Zunge, überwältigend und übermächtig. Stechender Schmerz schießt durch meinen Hals direkt in meinen Kopf, und mein Körper is taub vor Kälte. Ich zittere, ohne in der Lage zu sein, es zu kontollieren. Schneegestöber fällt stetig auf mein Gesicht, benetzt meine Lippen. Meine Kehle brennt, als ob ich Stunden mit Schreien oder Weinen zugebracht hätte. Die Schatten der Bäume umzingeln mich.

Meine Atmung beschleunigt sich.

Wie bin ich bloß hier gelandet? Ich schließe meine Augen, aber mir wird schwindlig, als ob ich eine schnelle Pirouette gedreht hätte, ohne mich in einem Fixpunkt zu verankern. Ich öffne die Augen noch einmal, mein Gehirn sucht nach Antworten, aber die Erinnerung braucht zu lange, um mich zu erreichen.

Oh.

Papa und ich waren auf dem Weg zum Flughafen.

That's right. I hadn't wanted to leave the house while Papa looked so sad, so lost. I hadn't wanted to go back to school in New York. So what if the School of Performing Arts where I have been a student for the past two years has a very strict attendance policy?

But despite my protests, he'd simply looked at me with a frown I'd never seen on him before and insisted I get my suitcase. He'd said that my staying in Maine with him and Mama wouldn't help them sort out their issues.

Snow and ice covered most of the little road we took to the interstate. Papa tuned in to NPR, probably hoping this would quiet me.

The car slid once, but Papa straightened it without much of a problem. Then it slid a second time, only slightly, and he muttered under his breath in Russian. I waited a few seconds and then pressed him, asking more questions he didn't want to answer.

I changed the radio station, knowing full well that it would get a rise out of him. His favorite show was about to come on and Papa's rules were clear: never touch the radio if his favorite show was on or if he was listening to Chopin.

The memories get blurry. There was a truck and then loud honking, tires screeching and Papa yelling for me to hold on tight.

Papa.

Genau, so war's. Ich hatte das Haus nicht verlassen wollen, während Papa so traurig aussah, so verloren. Ich wollte nicht zurück zur Schule in New York. Wen kümmert es schon, dass die School of Performing Arts, wo ich seit zwei Jahren Schülerin bin, eine strenge Anwesenheitspflicht hat?

Aber trotz meiner Proteste hatte er mich nur mit einem Stirnrunzeln angesehen, das ich noch nie an ihm gesehen habe und darauf bestanden, dass ich meinen Koffer hole. Er hatte gesagt, dass mein Verharren in Maine bei ihm und Mama ihnen nicht helfen würde, ihre Probleme aus der Welt zu schaffen.

Schnee und Eis hat fast die ganze Landstraße bedeckt, die wir bis zur Autobahn nahmen. Papa hat die NPR-Station eingeschaltet, wahrscheinlich in der Hoffnung, dass mich dies beruhigen würde. Das Auto schlitterte einmal, aber Papa hat es ohne viele Schwierigkeiten wieder hingelenkt. Dann ist es ein zweites Mal geschlittert, nur ein wenig, und er hat leise auf Russisch vor sich hin gebrummt.

Ich habe ein paar Sekunden gewartet und ihn dann ich mit mehr Fragen bedrängt, auf die er nicht antworten wollte.

Ich wechselte die Radiostation, wohl wissend, dass ihn das nerven würde. Sein Lieblingsprogramm war im Begriff, anzufangen, und Papas Regeln waren klar: Hände weg vom Radio, wenn seine Lieblings-Show an war oder wenn er Chopin hörte.

Die Erinnerung wird verschwommen. Da war ein LKW und dann lautes Hupen, quietschende Reifen, und Papa, der mir zuschreit, mich festzuhalten.

Papa.

My breath catches in my throat. Why hasn't Papa said anything yet? I turn my head, wincing at the pain, but I have to see. I have to make sure he's okay.

"Papa?" I call out, fighting against the dizziness taking over me. My heart skips a beat. I can't move anything. I can't move my legs.

I need to move my legs.

My arm's stuck, and pain radiates all over my body. I breathe in shuddering gasps, and my eyes dance frantically over the wreckage, trying to see where Papa is. There's only broken glass, the debris of our gray Honda, snow, and blood.

He probably went to get help. I can almost hear him with a laugh in his voice, telling me, *Everything will be fine, Natoushka. You worry too much.* But why would he leave me alone like this? He'd never leave me alone. My heart pounds fast and loud.

"Papoushka?" I call again, but my voice is thin.

Nothing.

Dread grips me, and I slowly turn my head to the other side and gasp. Papa.

Der Atem bleibt mir in der Kehle stecken. Warum hat Papa noch nichts gesagt? Ich drehe meinen Kopf herum, zucke vor Schmerz zusammen, aber ich muss es sehen. Ich muss sicher sein, dass alles mit ihm in Ordnung ist.

„Papa?", rufe ich, gegen das Schwindelgefühl ankämpfend. Mein Herzschlag setzt für einen Moment aus. Ich kann nichts bewegen. Ich kann meine *Beine* nicht bewegen.

Ich muss meine Beine bewegen.

Mein Arm steckt fest und Schmerz strömt durch meinen ganzen Körper. Ich schnappe keuchend nach Luft und meine Augen tanzen wie wild über die Wrackteile, um zu sehen, wo Papa ist. Da sind nur Glasscherben, die Trümmer von unserem grauen Honda, Schnee und Blut.

Er ist wahrscheinlich losgegangen, um Hilfe zu suchen. Ich kann ihn fast hören, mit einem Lachen in seiner Stimme, wie er sagt, *Alles wird gut, Natoushka, du sorgst dich zu viel.* Aber warum lässt er mich hier so allein? Er würde mich nie zurücklassen. Mein Herz schlägt schnell und laut.

„Papoushka?", rufe ich wieder, aber meine Stimme ist schwach. Nichts.

Furcht ergreift mich, und ich wende meinen Kopf langsam zur anderen Seite und mir bleibt die Luft weg. Papa.

His body's contorted; his leg is sprawled at an unnatural angle and his arm is curled over his head. He's knocked out, but his bright-blue eyes—so similar to mine—are wide open.

"Papoushka," I whisper, but he doesn't move. "Papoushka!" My voice cracks. Someone will come and help us. Someone will find us. Someone will make sure we're okay.

I clench my teeth, and inch by painful inch, I slide my body closer to him. My hand touches his and I interlink our fingers.

His skin is warm. He's fine. He has to be.

"You're okay, Papoushka. You're okay," I say as if in a trance. "You're okay," I repeat until everything blurs around me.

Until the pain's so strong that it engulfs me.

And I close my eyes.

Sein Körper ist verzerrt; sein Bein ist in einem unnatürlichen Winkel ausgestreckt und sein Arm ist über seinem Kopf verbogen. Er ist bewusstlos, aber seine hellblauen Augen – den meinen so ähnlich – sind weit offen.

„Papoushka", flüstere ich, aber er bewegt sich nicht. „Papoushka!" Meine Stimme bricht. Jemand wird kommen und uns helfen. Jemand wird uns finden. Jemand wird dafür sorgen, dass alles in Ordnung ist mit uns.

Ich beiße meine Zähne zusammen und mühsam, Stückchen für Stückchen, schiebe ich meinen Körper dichter an ihn heran. Meine Hände berühren die seinen und ich verflechte unsere Finger.

Seine Haut ist warm. Er ist okay. Er muss es sein.

„Du bist okay, Papoushka. Du bist okay", sage ich wie in Trance. „Du bist okay", wiederhole ich, bis alles um mich herum verschwimmt.

Bis der Schmerz so groß ist, dass er mich verschlingt.

Und ich schließe meine Augen.

March 18th, 7 p.m.

THERE'S a buzz in the canteen at dinner. Almost everyone's talking about the audition, and the few students who are not talking about the audition either laugh too loudly or look way too pale. Emilia's doing her best to ignore Nick, but when he asks if she wants to go over the choreography with him again, she can't say no.

She turns to me. "You're coming, too?"

"I want to call my parents tonight and you know my rules."

"You want to visualize all the movements the evening before and do one last rehearsal in the morning."

"Yep. You and Nick should go. I'll see you in our room later."

Nick smiles my way as if I just named him the best dancer in the world, but I shrug. Even though I want those two to figure a way to be happy together, I really cannot derail from my routine.

Fünfzehn Stunden vor dem Vortanzen

18. März, 7.00 Uhr abends

DA IST ein Summen in der Kantine beim Abendessen. Fast alle sprechen über das Vortanzen, und die wenigen Studenten, die nicht über das Vortanzen sprechen, lachen entweder zu laut oder sehen total blass aus. Emilia tut alles, um Nick zu ignorieren, aber als er sie fragt, ob sie nochmal die Choreografie mit ihm durchgehen will, kann sie nicht nein sagen.

Sie dreht sich zu mir um. „Kommst du auch?"

„Ich möchte heute Abend meine Eltern anrufen, und du kennst meine Regeln."

„Du willst alle Bewegungen am Vorabend visualisieren und dann eine letzte Probe am Morgen durchlaufen."

„Jep. Du und Nick, geht ruhig. Wir sehen uns später in unserem Zimmer."

Nick lächelt mich an, als ob ich ihn gerade zum besten Tänzer der Welt erklärt hätte, aber ich zucke nur mit den Schultern. Obwohl ich möchte, dass diese beiden es auf die Reihe kriegen, zusammen glücklich zu sein, kann ich wirklich nicht von meiner Rutine abweichen.

I'm a tad OCD when it comes to the evening before a big audition: I always call my parents, listen to the music, visualize myself dancing all the movements perfectly, and put a picture of Mama at the height of her career under my pillow.

She doesn't know that.

No one knows that.

I'm not sure if I think she'll transfer her talent to me that way, but it reassures me.

I finish my cup of water, put up my tray in the right corner as always and head back to my room to start with my ritual.

***

"Hi, Papa," I smile.

"Hi, Natoushka. You ready for tomorrow?" he asks, but there's something in his voice. It's not his usual happy one. He hasn't sounded happy for a few weeks now.

"Yep, definitely ready." I try to sound as cheerful as possible. "If I get it, I think it's really going to start my career. And I feel like I am Aurora. I feel like I own the part."

"That's good, sweetie."

Ich bin ein bisschen Psycho, wenn es sich um den Abend vor einem großen Vortanzen handelt: Ich rufe immer meine Eltern an, höre mir die Musik an, visualisiere, wie ich alle Bewegungen perfekt tanze, und ich lege ein Bild von Mama auf dem Höhepunkt ihrer Karriere unter mein Kopfkissen.

Sie weiß davon nichts.

Niemand weiß das.

Ich bin mir nicht sicher, ob ich glaube, dass sie mir auf diese Weise ihr Talent überträgt, aber es beruhigt mich.

Ich trinke mein Glas Wasser aus, stelle mein Tablett in die rechte Ecke wie immer, und kehre in mein Zimmer zurück, um mit meinem Ritual zu beginnen.

***

„Hallo, Papa", lächle ich.

„Hallo, Natoushka. Bereit für morgen?", fragt er, aber da ist etwas in seiner Stimme. Es ist nicht seine typische glückliche Stimme. Er hat schon seit ein paar Wochen nicht glücklich geklungen.

„Jep, voll bereit." Ich versuche, so munter wie möglich zu klingen. „Wenn ich das bekomme, dann wird das echt meine Karriere starten. Und ich fühle mich, als ob ich Aurora wäre. Ich fühle, dass diese Rolle mir gehört."

„Das ist gut, Schätzchen."

"I think I feel the same as when you were onstage playing Chopin. You told me once how you got so lost in the music, you didn't know where it began and where it ended. It's like that for me."

"It is a wonderful feeling. A scary one, too," my father replies. "But you always need to find yourself again," he adds after a short pause.

"I know, Papa. But when I dance . . ."

"When you dance, you feel whole and complete. But remember what I always say . . ."

"There's more to me than dancing," I say. He sounds a bit more normal now. He never fails to remind me that, to him, I'm more than a ballerina and that I should be more than that to me, too. Maybe one day.

"Are you sure you want to come this weekend? The weather isn't supposed to be that great."

"Of course, I'm sure. We've been planning it for months!"

"I don't want you to get stranded in Maine while you're supposed to be back at school on Monday. That's all. I have to go. I love you, Natoushka. Think about what I said." He pauses, and before I can reply, my mother's voice comes through the phone.

„Ich glaube, ich fühle dasselbe wie du, wenn du auf der Bühne Chopin spielst. Du hast mir 'mal erzählt, wie du dich so in der Musik verloren hast, dass du nicht wusstest, wo sie begann und wo sie endete. So ist das auch für mich."

„Das ist ein wundervolles Gefühl. Auch beängstigend", antwortet mein Vater. „Aber du musst dich immer wiederfinden", ergänzt er nach einer kurzen Pause.

„Ich weiß, Papa. Aber wenn ich tanze ..."

„Wenn du tanzt, fühlst du dich ganz und vollständig. Aber erinnere dich, was ich immer sage ..."

„Es steckt mehr in mir als nur das Tanzen", sage ich. Er klingt jetzt wieder normaler. Er läßt es nie sein, mich daran zu erinnern, dass ich für ihn mehr als nur eine Ballerina bin und dass ich für mich auch mehr als nur eine Ballerina sein soll. Vielleicht, eines Tages.

„Bist du sicher, dass du dieses Wochenende kommen willst? Das Wetter soll nicht so gut werden."

„Na klar bin ich sicher. Wir haben das doch schon seit Monaten geplant!"

„Ich will nicht, dass du in Maine hängenbleibst, während du eigentlich wieder am Montag in der Schule sein solltest. Das ist alles. Ich muss los. Ich hab dich lieb, Natoushka. Denk daran, was ich dir gesagt habe." Er hält inne, und bevor ich antworten kann, kommt die Stimme meiner Mutter über das Telefon.

"Natoushka," she says, and the little nickname she only uses rarely tugs at my heart. Maybe this weekend, we'll reconnect. I haven't seen my parents in two months and our phone calls are more sporadic than even before. I spend too much time rehearsing, too much time in the zone. They spend too much time pretending everything's okay "I danced Aurora, too, you know," she continues. "It's a difficult part, much more difficult that what it seems at first. I was her." She pauses. "And now, now I'm nothing."

"You're not nothing, Mama. Everyone remembers you as Aurora and as Maleficent. If I only dance half as good at you, I'll be amazing."

"Only reach for the best. You need to be even better than me, Natalya. Otherwise, why work so hard? Why break everything? Why lose everything?" She sounds sad. Way too sad.

"I know, Mama. I'll reach for the stars. I'll see you this weekend. Are you okay?" I hear her sniffle.

"I'm fine. It's just a cold," she says.

"You're still picking me up tomorrow at the airport with Papa?" I ask. She promised last time she would be there.

"Sure," she replies.

I want to believe her.

„ Natoushka", sagt sie, und der kleine Kosename, den sie nur selten benutzt, zerrt an meinem Herzen. Vielleicht, dieses Wochenende, finden wir wieder eine Verbindung zueinander. Ich habe meine Eltern seit zwei Monaten nicht gesehen, und unsere Anrufe sind so sporadisch wie nie zuvor. Ich verbringe zuviel Zeit mit den Proben, zuviel Zeit auf einer anderen Wellenlänge. Sie verbringen zuviel Zeit damit, vorzutäuschen, dass alles in Ordnung ist. „Ich habe Aurora auch getanzt, weißt du", fährt sie fort. „Es ist eine schwierige Rolle, schwieriger als sie zuerst aussieht. Ich war sie." Sie hält inne. „Und jetzt, jetzt bin ich ein Nichts."

„Du bist kein Nichts, Mama. Alle erinnern sich an dich als Aurora und als Maleficent. Wenn ich auch nur halb so gut wie du tanze, dann würde ich unglaublich sein."

„Versuche immer, das Beste zu erreichen. Du musst noch besser sein als ich, Natalya. Andernfalls, warum arbeitet man so hart? Warum bricht man sich alles? Warum verliert man alles?" Sie klingt traurig. Viel zu traurig.

„Ich weiß, Mama. Ich werde nach den Sternen greifen. Wir sehen uns dieses Wochenende. Geht es dir gut?" Ich höre sie schniefen

„Mir geht's gut. Es ist nur eine Erkältung", sagt sie.

„Du kommst aber doch morgen zum Flughafen mit Papa, nicht?", frage ich. Sie hat letztes Mal versprochen, das sie da sein würde.

„Klar", antwortet sie.

Ich möchte ihr glauben.

Four Days after the audition

March 22nd, 4 p.m.

"SHE SHOULD be awake soon," a muffled voice says. It's close to me but oh so far away. My mouth feels like cotton, and everything hurts—my head, my arms, and my legs.

My legs. There was an accident. The truck. Our car against the tree.

Papa.

Papoushka.

My breathing stops. I was holding his hand in the snow. He wasn't answering, but he must be fine. He's probably talking to the doctors outside. My eyes flutter open. Everything's out of focus, and it takes me a few seconds to distinguish anything. The room seems to be entirely white, and there's an overwhelming smell of Clorox, as if someone dropped an entire bottle and forgot to air out the room.

A few people stand around: Mama, my uncle Yuri, and doctors and nurses clothed in scrubs and white coats.

But I don't see Papa.

Vier Tage nach dem Vortanzen

22. März, 4.00 Uhr nachmittags

„SIE SOLLTE bald aufwachen", sagt eine gedämpfte Stimme. Sie ist dicht an mir dran, aber ach, so weit weg. Mein Mund fühlt sich wie Zuckerwatte an, und alles tut weh – mein Kopf, meine Arme, meine Beine.

Meine Beine. Da war ein Unfall. Der Laster. Unser Auto gegen den Baum.

Papa.

Papoushka.

Mein Atem stoppt. Ich habe seine Hand im Schnee gehalten. Er hat nicht geantwortet, aber er muss in Ordnung sein. Er spricht wahrscheinlich draußen mit den Ärzten. Meine Augen zucken auf. Alles ist unscharf, und es dauert ein paar Sekunden, um irgendetwas zu unterscheiden. Der Raum scheint ganz weiß zu sein, und da ist ein überwältigender Geruch von Clorox, als ob jemand eine ganze Flasche umgekippt hat und vergessen hat, den Raum zu lüften.

Ein paar Leute stehen herum: Mama, mein Onkel Yuri, und Ärzte und Pflegepersonal in Kitteln und weißen Mänteln.

Aber ich sehe Papa nicht.

"There she is," my uncle says as he carefully caresses my forehead. "Natalya." He sounds sad. Too sad. Tears well in his blue eyes, so similar to my father's that for a second I almost see Papa looking at me.

I try to sit up but wince at the pain. Yuri makes a tutting sound that I think is meant to comfort me. He turns to Mama, who's leaning against the wall, not looking my way—not looking at anything. She crumbles to the floor, her long blond hair hiding her face, but it can't conceal the shakes that rack her body.

"Mama," I call to her, but she buries her head in her knees.

"We killed him," she whispers, and I stare at her, not understanding, not wanting to understand.

"Papoushka?" I ask, and I close my eyes.

This is a nightmare and I want it to end.

„Sie kommt zu sich", sagt mein Onkel Yuri, als er vorsichtig meine Stirn streichelt. „Natalya." Er klingt so traurig. Zu traurig. Tränen kommen in seinen blauen Augen hoch, die denen meines Vaters so sehr ähneln, dass ich für einen Moment fast glaube, dass Papa mich ansieht.

Ich versuche, aufzusitzen, aber ich zucke vor Schmerz zusammen. Yuri macht einen beschwichtigenden Laut, der wohl dafür gedacht ist, mich zu beruhigen. Er wendet sich zu Mama um, die sich an die Wand lehnt, ohne in meine Richtung zu sehen – ohne in *irgendeine* Richtung zu sehen. Sie fällt auf dem Boden zusammen, ihr langes blondes Haar verdeckt ihr Gesicht, aber es kann das Zittern nicht verbergen, das ihren Körper erschüttert.

„Mama", rufe ich sie, aber sie vergräbt ihren Kopf zwischen ihren Knien.

„Wir haben ihn umgebracht", flüstert sie, und ich starre sie an, nicht verstehend, ohne verstehen zu *wollen*.

„Papoushka?", frage ich, und ich schließe die Augen.

Das ist ein Alptraum und ich will, dass er aufhört.

One hour before the audition

March 19th, 10 a.m.

THE SCHOOL OF PERFORMING ARTS in New York City is the best foot in the door to Juilliard, to the American Ballet Company, to ballet companies around the world. And the end-of-the-year showcase is a way to get spotted, recruited, to make an imprint on the dancing world. If I manage to get the main role as a junior, I'll be making history. Only seniors get it, but everyone's allowed to try out.

And everyone does try out.

I'm the first one on the long list of hopefuls waiting to prove to the school I have what it takes to make it to the top. In one hour, I need to present myself to the stage, side A. And all I can think about is how Mama sounded yesterday on the phone. How Papa told me I shouldn't come home this weekend.

Eine Stunde vor dem Vortanzen

19. März, 10 Uhr morgens

DIE SCHOOL OF PERFORMING ARTS in New York City ist der beste Fuß in der Tür zu Juilliard, zur American Ballet Company, zu Ballett-Truppen in der ganzen Welt. Und die Jahres-Abschlussvorstellung ist eine Möglichkeit, entdeckt zu werden, angeworben, um einen nachhaltigen Eindruck in der Tanzwelt zu hinterlassen. Wenn es mir gelingt, als Junior die Hauptrolle zu ergattern, dann schreibe ich Geschichte. Nur Senioren bekommen sie, obwohl alle vortanzen dürfen.

Und alle tanzen vor.

Ich bin die erste in einer langen Liste von Aspiranten und warte darauf, zu beweisen, dass ich es in mir habe, bis zur Spitze zu gelangen. In einer Stunde muss ich mich auf der Bühne, Seite A, präsentieren. Und alles, woran ich denken kann, ist, wie Mama gestern am Telefon geklungen hat. Wie Papa gesagt hat, dass ich dieses Wochenende nicht nach Hause kommen sollte.

Maybe, if I called them now. Maybe I could ask Mama how she always managed to own the room as soon as she stepped onto a stage, how she made the character's emotions so clear in her movements. Maybe she'll finally tell me that she's proud of me.

Papa says it all the time. He says that as long I try my best, he's proud of me, that it doesn't matter if I'm a prima assoluta or if I decide to quit dancing: *As long as you try your best, as long as you don't give up just because you think it's too hard, as long as you do what makes you happy, I'm proud of you, Natoushka.*

I have no idea what Mama thinks about my career. Sure, she smiles when she sees me on stage. Sure, she pushes me. She always reminds me to do my stretching exercises. She always reminds me to stand straight, not because it is proper but because, It's not ballerina-like to slouch. It's also not "ballerina-like" to cry because your feet bleed or because you've twisted your knee more times than you can count.

It's not like I've heard any of her advice in the recent months anyway.

I grind my teeth, stand up, and extend my hands to the floor. I should be stretching, getting ready, definitely not worrying about my parents. There's only one way for me to forget about them, about the drama waiting for me at home: dancing.

Vielleicht, wenn ich sie jetzt anriefe. Vielleicht könnte ich Mama fragen, wie sie es immer geschafft hat, den Raum zu übernehmen, sobald sie auf die Bühne trat, wie sie die Gefühle der Bühnengestalten in ihren Bewegungen so klar dargestellt hat. Vielleicht würde sie mir dann endlich sagen, dass sie stolz auf mich ist.

Papa sagt das andauernd. Er sagt, dass solange ich versuche, mein Bestes zu geben er stolz auf mich ist, egal, ob ich eine *prima assoluta* bin oder ob ich mich entscheide, das Tanzen aufzugeben: *Solange du dein Bestes gibst, solange du nicht aufgibst, nur weil du denkst, dass etwas zu schwer ist, solange du das tust, was dich glücklich macht, bin ich stolz auf dich, Natoushka.*

Ich habe keine Ahnung, was Mama über meine Karriere denkt. Klar, sie lächelt, wenn sie mich auf der Bühne sieht. Klar, sie treibt mich an. Sie erinnert mich immer daran, meine Dehnübungen zu machen. Sie erinnert mich immer daran, gerade zu stehen, nicht weil sich das so gehört, sondern weil *es nicht Balllerina-mäßig ist, sich hinzulümmeln.* Es ist auch nicht Balllerina-mäßig zu weinen, weil dir die Füße bluten oder weil du dir das Knie öfter verdreht hast, als du zählen kannst.

Als ob ich ihre Ratschläge viel in den letzten Monaten gehört hätte.

Ich beiße meine Zähne zusammen, stehe auf, und strecke meine Hände bis auf den Boden. Ich sollte mich dehnen, mich vorbereiten, und mich eindeutig nicht um meine Eltern sorgen. Es gibt nur einen Weg für mich, sie zu vergessen, das Drama, das mich zu Hause erwartet: tanzen.

I turn up the music and continue stretching, but I can't clear my head. In one of the latest issues of Dance Magazine, several dancers explained what it was like to dance Aurora. Jenifer Ringer—New York City Ballet principal dancer—told Dance Magazine that "the magic of the fairy tale" was the most important thing, that the show should transport people to another place. I need to go to that magical place myself. I need to believe it so it's easier for others to believe me. Irina Kolpakova from Kirov Ballet said to listen to the music, that it says everything.

I bow my head to my knee, extend my arm over my head, inhale, exhale deeply, close my eyes, and listen to the rhythm, to the story. I try to forget about the pain in my right knee; I've twisted it a few times and it's always a bit painful. But nothing can stop me.

The music envelops me, resonates within me. Aurora goes through so many stages of her life in the ballet. I can be as excited as she is, discovering love, discovering what she wants to live for. And then, there is the sadness, the sorrow of being bound without even knowing it before she becomes free again. The audition comprises a few minutes of the Rose Adagio, when Aurora meets her suitors for the first time, followed by a few minutes of Aurora dancing more slowly, more languidly as she falls under the sleeping spell cast upon by Maleficent.

Ich drehe die Musik auf und mache weiter mit dem Dehnen, aber ich kann keinen klaren Kopf bekommen. In der letzten Ausgabe von *Dance Magazine* haben mehrere Tänzerinnen erklärt, wie es war, Aurora zu tanzen. Jenifer Ringer – New York City Ballet's Primaballerina – hat *Dance Magazine* erzählt, dass „die Magie des Märchens" das Wichtigste sei, dass die Show Leute an einen anderen Ort transportieren solle. Ich muss selbst zu diesem magischen Ort gehen. *Ich* muss daran glauben, so dass es einfacher ist für andere, mir zu glauben. Irina Kolpakova vom Kirov Ballet sagt, man müsse nur der Musik zuhören, die sage alles.

Ich neige meinen Kopf bis auf meine Knie, dehne meinen Arm über den Kopf, atme ein, atme tief durch, schließe die Augen, und höre auf den Rhythmus, die Geschichte. Ich versuche, den Schmerz in meinem rechten Knie zu vergessen; ich habe es ein paar Mal verdreht, und es ist immer ein wenig schmerzhaft. Aber nichts kann mich aufhalten.

Die Musik hüllt mich ein, hallt in mir nach. Aurora durchläuft so viele Phasen ihres Lebens im Ballett. Ich kann so aufgeregt sein wie sie, die Liebe entdecken, herausfinden, wofür sie leben will. Und dann ist da die Traurigkeit, das Leid, gefangen zu sein, ohne es zu wissen, bevor sie wieder frei wird. Das Vortanzen umfasst einige Minuten des Rosen-Adagios, wenn Aurora ihre Freier zum ersten Mal trifft, gefolgt von einigen Minuten, in denen Aurora langsamer tanzt, träge, während sie dem Schlafzauber verfällt, den Maleficent über sie verhängt hat.

I do one last stretch, my arms above my head, leaning as far as I can to the right and then to the left, and I take a deep breath. It's time to go through the choreography.

I stand up, and my legs take over. Forgotten are the hours spent rehearsing, the arguments with Mama, the fleeting thought that my knee could give up on me, leaving me without hope and dreams, and I *become* Aurora. It's as if I have been her all along and these steps are mine.

The music is joyous and happy images flash in my mind: the day my parents gave me the necklace I'd been eying for weeks, the one with the cute ballet-shoe pendant; the day Becca taught me how to swim and how free I felt in the water; the time my babushka sat me down and told me a bunch of fairy tales, including one about a little girl who would grow up to be loved, happy, and the best ballerina ever, but most importantly, that she would always be cherished by her grandmother.

My grin spreads, and my movements become light as air.

Ich mache eine letzte Dehnübung, meine Arme über dem Kopf, lehne so weit nach rechts wie ich kann und dann nach links, und ich atme tief ein. Es ist Zeit, die Choreografie durchzugehen.

Ich stehe auf, und meine Beine übernehmen die Führung. Vergessen sind die Stunden der Proben, die Diskussionen mit Mama, der flüchtige Gedanke, dass mein Knie nachgeben könnte, so dass ich ohne Hoffnungen und Träume bliebe, und ich *werde* Aurora. Es ist, als ob ich schon immer sie gewesen wäre, und diese Schritte sind meine.

Die Musik ist freudig und glückliche Bilder flitzen durch mein Gehirn: der Tag, an dem meine Eltern mir die Halskette gegeben haben, auf die ich schon seit Wochen ein Auge geworfen hatte, die mit dem süßen Ballettschuh-Anhänger; der Tag, an dem Becca mir beigebracht hat, wie man schwimmt und wie man sich im Wasser frei fühlt; die Zeiten, wenn meine Babuschka mich hingesetzt hat und mir einen Haufen Märchen erzählt hat, darunter eines über ein kleines Mädchen, das aufwachsen würde, geliebt, glücklich, und die beste Ballerina aller Zeiten zu werden, aber hauptsächlich, dass sie immer von ihrer Großmutter behütet werden würde.

Mein Grinsen breitet sich aus, und meine Bewegungen werden so leicht wie die Luft.

At the end of the music, I stay in the *arabesque penché,* keeping the energy building inside me. And then I start again, focusing only on a few movements, the ones I know the judges will dissect. My reflection shows me that my figure is okay, that my thighs aren't too big. I can't stop myself from enjoying a few treats, but my usual meals include salad, fish, and sometimes a bit of chicken. I only let go when I'm out in a nice restaurant with my uncle Yuri.

One of the girls had to leave the school because she'd gained too much weight. Another had to leave because she barely could dance anymore, too weak from an eating disorder. No one said anything to her. Not one single teacher asked her what was wrong, despite being known as the "single apple eater," despite the fact that everyone still talks about Heidi Noelle Guenther, the twenty-two-year-old member of the corps de ballet, who collapsed and died on a family trip to Disneyland a few years back.

I take a deep breath, trying to regain focus. I change position and work on perfecting my arabesque penché, trying to reach the 180-degree line from working foot to standing foot.

Am Ende der Musik verharre ich in der *arabesque penché*, lasse die Energie in mir wachsen. Und dann fange ich noch einmal an, konzentriere mich nur auf einige wenige Bewegungen, von denen ich weiß, dass die Richter diese sezieren werden. Mein Spiegelbild zeigt mir, dass meine Figur in Ordnung ist, dass meine Schenkel nicht zu groß sind. Ich kann mich nicht davon abhalten, einige Leckereien zu genießen, aber zu meinen üblichen Mahlzeiten gehören Salat, Fisch, und manchmal ein wenig Hähnchen. Ich lasse mich nur gehen, wenn ich mit meinem Onkel Yuri in ein feines Restaurant gehe.

Eines der Mädchen hat die Schule verlassen müssen, weil sie zu viel zugenommen hatte. Eine andere musste weg, weil sie kaum noch tanzen konnte, zu schwach wegen einer Essstörung. Niemand hatte etwas zu ihr gesagt. Nicht ein einziger Lehrer hatte sie gefragt, was los war, obwohl sie als „Ein-Apfel-Esserin" bekannt war, trotz der Tatsache, dass alle immer noch über Heidi Noelle Guenther sprechen, eine 22-Jährige, die als Mitglied des *corps de ballet* zusammengebrochen war und vor einigen Jahren auf einer Familienreise nach Disneyland gestorben war.

Ich hole tief Luft und versuche, den Fokus wieder zu erlangen. Ich ändere meine Position und arbeite am Perfektionieren meiner *arabesque penché,* indem ich versuche, die 180-Grad-Linie vom arbeitenden Fuß bis zum stehenden Fuß zu erreichen.

Svetlana—my favorite dance instructor and a former colleague of Mama's—enters the room as I complete the final stretch to my arabesque. Her lips turn up in a bright smile.

"You look so much like your mom," she says. "With your hair half-down like that and passion showing in your every movement. Everyone can tell you're the daughter of the great Katya Pushkaya." She sighs and clasps her hands together. "She was really amazing."

"Thank you," I reply, shaking out my muscles. I mean it—Mama was the best.

She was the light illuminating any stage she danced on. She had that little something extra we all strive for: presence, charisma, and a way to lose yourself in the dance, bringing the public into the moment with you. The last time she came to visit me at school, almost everyone was in awe.

Almost.

A few girls had snickered behind my back, saying it's well known that Mama stopped dancing because she'd developed the habit of going to rehearsal totally wasted. But they're wrong; she started drinking when she gave up dancing. When she got pregnant with me.

Svetlana – meine Lieblingstanzlehrerin und ehemalige Kollegin von Mama – betritt den Raum, als ich gerade die letzte Dehnung für meine *arabesque* abschließe. Ihr Lippen bewegen sich zu einem strahlenden Lächeln.

„Du siehst so sehr wie deine Mutter aus", sagt sie. „Mit deinem Haar so halb nach unten und der Leidenschaft sichtbar in jeder deiner Bewegungen. Jeder kann sehen, dass du die Tochter der großen Katya Pushkaya bist." Sie seufzt und faltet die Hände zusammen. „Sie war wirklich erstaunlich."

„Danke", antworte ich, während ich meine Muskeln schüttele. Ich meine es auch – Mama war die Beste.

Sie war das Licht, das alle Bühnen erleuchtete, auf denen sie getanzt hat. Sie hatte das gewisse Extra, das wir alle anstreben: Präsenz, Ausstrahlung, und eine Art, sich im Tanz zu verlieren und das Publikum in den Moment hineinzuziehen. Das letzte Mal, als sie mich in der Schule besuchen kam, waren fast alle voll von Ehrfurcht.

Fast alle.

Einige der Mädchen hatten hinter meinem Rücken gekichert und gesagt, dass es bekannt war, dass Mama zu tanzen aufgehört hat, weil sie die Gewohnheit entwickelt hatte, stockbesoffen zu den Proben zu kommen. Aber die liegen da ganz falsch; sie hat zu trinken angefangen, als sie das Tanzen aufgegeben hat. Als sie mit mir schwanger wurde.

Svetlana turns off the music. "You're going to do great," she says, and then steps aside. "They're ready for you."

They.

The director of the school, a former dancer from the American Ballet Company who studied here, the head of choreography, and the foundation director.

They'll be judging me. They'll be looking at every single movement I make, if my head tilts too much to the right, if my leg isn't bent perfectly. I rub my knee again. The pain's not strong, but it's my weak point. One wrong move and I could really damage my future.

I can't let that happen.

Svetlana schaltet die Musik ab. „Du wirst das super hinkriegen", sagt sie, und dann tritt sie zur Seite. „Sie sind für dich bereit."

Sie.

Der Schuldirektor, eine ehemalige Tänzerin der American Ballet Company, die hier studiert hat, die Leiterin der Choreografie, und der Direktor der Stiftung.

Sie werden mich alle beurteilen. Sie werden jede einzelne Bewegung auseinandernehmen, die ich mache, ob mein Kopf zu weit nach rechts geneigt ist, ob mein Bein nicht perfekt gebogen ist. Ich reibe mein Knie noch einmal. Der Schmerz ist nicht stark, aber der ist mein Schwachpunkt. Eine falsche Bewegung und ich könnte meine Zukunft abhaken.

Das kann ich nicht zulassen.

One day after the audition

March 20th, 9:30 a.m.

MY PLANE lands in Portland, Maine, with an hour delay because of the snow. I let the couple with the young child who'd been crying the entire way here pass in front of me. They smile gratefully and I return it. It's like the world's waiting for me and I'm ready to jump in. I managed to convince myself that Papa and Mama are going to be happy to see me and that we're going to spend a nice weekend catching up, that I imagined how sad they both sounded during our last phone call.

I hurry out to the baggage claim and spot Papa right away. He's standing by the exit.

I stretch my neck to see where Mama's hiding, but I can't find her. My heart clenches, but I don't want to give up on my fantasy weekend just yet.

"Natoushka!" Papa waves and opens his arms.

Einen Tag nach dem Vortanzen

20. März, 9.30 Uhr morgens

MEIN FLUGZEUG landet in Portland, Maine, mit einer Stunde Verspätung, wegen dem Schnee. Ich lasse das Pärchen mit dem kleinen Kind, das den ganzen hierher Weg geweint hat, vorausgehen. Sie schenken mir ein dankbares Lächeln und ich gebe es zurück. Es ist, als ob die Welt auf mich wartet und ich auf dem Sprung bin. Ich habe es geschafft, mir einzureden, dass Papa und Mama froh sein werden, mich zu sehen und dass wir ein schönes Wochenende damit verbringen werden, Versäumtes aufzuholen, und dass ich mir nur eingebildet habe, die beiden hätten bei unserem letzten Telefongespräch so traurig geklungen.

Ich beeile mich, zur Gepäckausgabe zu gelangen und erspähe Papa sofort. Er steht am Ausgang.

Ich strecke meinen Hals, um zu sehen, wo Mama sich versteckt, aber ich kann sie nicht finden. Mein Herz krampft sich zusammen, aber ich möchte meine Fantasie vom Wochenende noch nicht ganz aufgeben.

„Natoushka!" Papa winkt und breitet seine Arme aus.

"You know I don't like hugging," I mutter, but there's something about the way he looks at me that tugs at my heart. His brows are furrowed and his lips fight a smile, but it's a lost battle. His shirt isn't tucked in properly and his usually smooth face is riddled with hair, as if he hasn't shaved in a few days.

Instead of turning away, I step into his embrace. He wraps his arms around me, and I feel like I did when I was younger, like nothing bad can ever happen to me with him by my side. My papa's always been my hero, the one to save me from my nightmares, the one who made sure my lunch was packed up for school, and the one who explained to me that I wasn't dying when my first period came.

Mama was always too "sick." Now I know "sick" meant she was totally hangover or too wasted to move.

"Where is she?" I ask, still hopeful that Mama might be buying a magazine or waiting in the car.

"She's waiting for you at home," Papa replies. My chest constricts.

I should have known better than to believe her when she said she'd come.

„Du weißt, dass ich Umarmen nicht mag", murre ich, aber da ist etwas in der Art, wie er mich ansieht, das an meinem Herzen zerrt. Seine Augenbrauen sind gerunzelt und seine Lippen kämpfen mit einem Lächeln, aber es ist eine verlorene Schlacht. Sein Hemd ist nicht richtig in die Hose gestopft und sein normalerweise glattes Gesicht ist mit Stoppeln bedeckt, als ob er sich schon für mehrere Tage nicht rasiert hat.

Anstelle mich abzuwenden, trete ich in seine Umarmung hinein. Er schlingt seine Arme um mich, und ich fühle mich genauso wie ich jünger war, als ob mir nichts Schlimmes passieren kann, solange er an meiner Seite ist. Mein Papa war schon immer mein Held, derjenige, der mich aus meinen Alpträumen gerettet hat, derjenige, der dafür gesorgt hat, dass mein Lunchpaket für die Schule gepackt war, und derjenige, der mir erklärt hat, dass ich nicht sterben würde, als meine erste Periode kam.

Mama ist immer zu "unwohl" gewesen. Jetzt weiß ich, dass "unwohl" bedeutet hat, dass Mama total verkatert war oder zu vollgelaufen, um sich zu bewegen.

„Wo ist sie?" frage ich, immer noch hoffend, dass Mama vielleicht nur eine Zeitschrift kaufen gegangen ist oder im Auto wartet.

„Sie wartet zu Hause auf dich", antwortet Papa. Meine Brust wird eng. Ich hätte es besser wissen müssen, als ihr zu glauben, wenn sie gesagt hat, dass sie kommen würde.

It's not like she hasn't seen me in months. It's not like I had the most important audition of my career to date yesterday. It's not like she'd *promised* last time that she'd come to pick me up.

No, nothing like that, I think bitterly, clutching my necklace and trying very hard not to start crying right here.

I run my fingers through my hair. We stroll by the store *Cool as a Moose*, turning toward the exit as the smells from *Linda Bean's Maine Lobster Café* waft by. Their chowder is yummy, but after splurging at the steakhouse—*Delmonico's*—with Uncle Yuri last night, I can't even think about eating.

"How was your flight?" Papa grabs my small suitcase.

"Fine, whatever, nothing special," I reply harshly. I shouldn't punish Papa for her mistakes, but sometimes I can't help myself. I usually snap at him when all I really want to do is yell at her. But not today. I won't let her ruin the good mood I've been in all morning. "I mean, a little bumpy, but nothing too bad," I say and glance at Papa.

His hands tremble a bit, which is unusual. Papa's a pianist. He has the steadiest hands of anyone I know.

Es ist ja nicht so, dass sie mich schon seit Monaten nicht gesehen hat.Es ist ja nicht, dass ich gestern das wichtige Vortanzen meiner bisherigen Karriere gehabt habe. Es ist ja nicht, dass sie letztes Mal *versprochen* hat, dass sie mich abholen würde.

Nein, nichts dergleichen, denke ich verbittert, während ich mein Halskette umklammere und mich sehr bemühe, nicht gleich hier zu weinen anzufangen.

Ich fahre meine Finger durch mein Haar. Wir schlendern am *Cool as a Moose* – Geschäft vorbei, wenden uns dem Ausgang zu, wo uns die Düfte von *Linda Bean's Maine Lobster Café* umwehen. Ihre Fischsuppe ist spitze, aber nach dem Festmahl im Steakhouse – *Delmonico's* – mit Onkel Yuri gestern Abend, kann ich noch nicht einmal ans Essen denken.

„Wie war dein Flug?" Papa ergreift meinen kleinen Koffer.

„Gut, wie soll's schon sein, nicht's Besonderes", antworte ich barsch. Ich sollte Papa nicht für ihre Fehler bestrafen, aber manchmal kann ich es nicht lassen. Oft schnauze ich ihn an, wenn ich in Wirklichkeit nur sie anschreien will. Aber nicht heute. Ich werde es nicht zulassen, dass sie die gute Laune verdirbt, die ich schon den ganzen Morgen habe. „Was ich sagen wollte, ein wenig holprig, aber nicht zu schlimm", sage ich und werfe einen Blick auf Papa. Seine Hände zittern ein wenig, was ungewöhnlich ist. Papa ist Pianist. Er hat die stetigsten Hände von allen Leuten, die ich kenne.

I climb into the passenger seat of our car and wrinkle my nose. The car smells like a mix of Papa's cologne and . . . vomit. "What happened in here?"

"Nothing. Your mom got sick, but it's all good." Papa opens one of the windows, sending a gust of the chilly wind into the car.

I cringe. "Is everything okay?"

"Great. Everything's fine. Don't worry." He maneuvers out of the parking lot and onto the highway before talking again. "They're calling for more snow and sleet tomorrow and Sunday. Maybe you should leave earlier. Like tomorrow morning. Or even tonight. The last flight out is at about eight."

My heart breaks a little. Tonight? That's so soon. I expect those comments from Mama, but not from him. "Do you want me to?"

He glances my way for a second, before turning his attention back to the road. "That's not what I meant. I know how important it is for you to be there on Monday, and if the flights get cancelled you'll be stuck with us."

He attempts a smile, but it looks more like a grimace than the real thing. "I'm sure you got the part." Before I can answer, he turns on the radio and switches to the CD he always has in his car: *The Chopin Collection* played by Arthur Rubinstein.

Ich steige in den Beifahrersitz unseres Autos und rümpfe die Nase. Das Auto riecht nach einer Mischung von Papas Eau de Cologne und . . . Kotze. „Was ist denn hier passiert?"

„Gar nichts. Deiner Mutter ist schlecht geworden, aber es ist schon gut." Papa öffnet eines der Fenster, das eine Böe von kühlem Wind in den Wagen läßt.

Ich zucke zusammen. „Ist alles in Ordnung?"

„Prima. Alles ist gut. Mach dir keine Sorgen." Er manövriert aus dem Parkplatz und auf die Autobahn, bevor er wieder spricht. „Sie sagen mehr Schnee und Graupel für morgen und Sonntag an. Vielleicht solltest du früher abreisen. Morgen früh, oder so. Oder sogar heute Abend. Der letzte Flug von hier ist gegen acht Uhr."

Mein Herz bricht ein wenig. Heute Abend? Das ist schon so bald. Ich erwarte solche Kommentare von Mama, aber nicht von ihm. „Willst du, dass ich das mache?"

Er schaut einen Moment in meine Richtung, bevor er seine Aufmerksamkeit wieder auf die Straße lenkt. „So meine ich das nicht. Ich weiß, wie wichtig es für dich ist, am Montag dort zu sein, und wenn die Flüge abgesagt werden, wirst du mit uns steckenbleiben."

Er bemüht sich um ein Lächeln, aber das sieht eher wie eine Grimasse aus als die echte Sache. „Ich bin sicher, dass du die Rolle bekommen hast." Bevor ich ihm antworten kann, schaltet er das Radio an und wechselt zu der CD, die er immer in seinem Wagen hat: *The Chopin Collection,* gespielt von Arthur Rubinstein.

According to Papa, Rubinstein is a legend. Papa used to tell me that playing an instrument and dancing had several things in common. He said Rubinstein nailed it when asked how he could continue to play the same waltz for over seventy-five years: Rubinstein had replied, *Because it's not the same, and I don't play it the same way*. It is so true. Last year, I danced a small role in *Cinderella*, and each night I discovered a new detail, a new feeling.

Papa's fingers tap out a rhythm on the steering wheel, and his deep voice hums the melody of the song.

Familiar houses flash by the windows, and I close my eyes. The adrenaline from the past few days is slowly wearing off, and the music and my father's humming rock me like a lullaby. Papa always tells me that when I was a baby, the only way to calm me down was to put on a Nocturne from Chopin and I'd fall asleep instantly.

Chopin still has the same effect on me now.

The car jolts to a stop and wakes me up. "Come on, sleepyhead. We're here." The snow covers part of the driveway, but a path is cleared up to our small house. The next house is a few miles down the road.

Laut Papa ist Rubinstein eine Legende. Papa hat mir immer gesagt, dass das Spielen eines Instruments und das Tanzen mehrere Dinge gemeinsam haben. Er hat gesagt, dass Rubinstein es genau getroffen habe, als er gefragt wurde, wie er über 75 Jahre weiterhin den gleichen Walzer spielen konnte: Rubinstein habe erwidert, *weil es nicht derselbe ist, und ich spiele ihn nie in der gleichen Weise.* Er hat so recht. Letztes Jahr habe ich eine kleine Rolle in *Cinderella* getanzt, und jeden Abend habe ich eine neue Einzelheit entdeckt, ein neues Gefühl.

Papas Finger trommeln einen Rhythmus auf dem Lenkrad, und seine tiefe Stimme summt die Melodie des Liedes.

Wohlbekannte Häuser ziehen an den Fenstern vorbei, und ich schließe meine Augen. Das Adrenalin der vergangenen Tage ebbt langsam ab, und die Musik und das Summen meinens Vaters schaukeln mich wie ein Wiegenlied. Papa sagt mir immer, dass der einzige Weg, wie ich als Baby beruhigt werden konnte, war, ein Nocturne von Chopin aufzulegen, und ich war sofort eingeschlummert.

Chopin hat jetzt immer noch denselben Effekt auf mich.

Das Auto kommt schüttelnd beim Halten und weckt mich auf. „Komm schon, Schlafmütze. Wir sind da."

Der Schnee bedeckt einen Teil der Auffahrt, aber ein Weg bis zu unserem kleinen Haus ist abgeräumt. Das nächste Haus ist einige Meilen die Straße hinunter.

Papa wanted to live outside the city because he said nature helped him create. Fortunately, Mama didn't care where she lived. I rub my eyes, yawn, and then stretch as I get out of the car.

My feet slip on a patch of ice, and I cling to the door. My heart hammers. Accidents. Stupid accidents happen all the time.

"You okay there, Natoushka?"

"Fine." I press my lips together, taking another step but still holding on to the car.

"Come on, let me help you." He tucks his hand under my elbow, and we slowly make our way to a spot that seems safe. We walk up to the house and Papa pushes the door open. Warmth engulfs me. There's a fire in the living room and soft music is playing in the background. Chopin again, but this time his *Preludes*.

"Mama!" I kick off my shoes and shimmy out of my coat. "Mama!" I run upstairs.

"Natoushka, wait!" Papa yells after me, but I don't listen.

I hear sniffles through the door of my parents' bedroom. "I'll be down in a minute," Mama calls.

I turn the knob, but it doesn't move.

Papa wollte außerhalb der Stadt leben, weil er sagt, dass die Natur ihm hilft, schöpferisch zu sein. Zum Glück war es Mama egal, wo sie lebt. Ich reibe meine Augen, gähne, und dann strecke ich mich, während ich aus dem Auto steige.

Meine Füße rutschen auf einer Eisschicht aus, und ich klammere mich an der Tür fest. Mein Herz hämmert. Unfälle. Blöde Unfälle passieren jederzeit.

„Alles klar bei dir, Natoushka?"

„Klar." Ich drücke meine Lippen zusammen, mache einen weiteren Schritt, halte mich aber immer noch an der Tür fest.

„Komm schon, lass mich dir helfen." Er steckt seine Hand unter meinen Ellbogen, und wir bewegen uns langsam auf eine Stelle zu, die sicher aussieht. Wir gehen zum Haus hinauf und Papa drückt die Tür auf. Wärme hüllt mich ein. Da ist ein Feuer im Wohnzimmer und sanfte Musik spielt im Hintergrund. Wieder Chopin, aber dieses Mal seine *Preludes*.

„Mama!" Ich stoße meine Schuhe weg und schäle mich aus meinem Mantel. „Mama!" Ich renne nach oben.

„ Natoushka, warte!" ruft Papa mir nach, aber ich höre nicht auf ihn.

Ich höre Schniefen durch die Schlafzimmertür meiner Eltern. „Ich bin in einer Minute unten", ruft Mama.

Ich drehe den Türknopf, aber er bewegt sich nicht.

"I said I'll be down in a minute." Mama's voice has an edge to it, and I back away slowly, feeling like someone punched me in the stomach. She's probably been drinking, and again, I'm reminded what place I have in her life . . . None.

I trudge back downstairs. Papa's waiting for me, frowning. "She's not doing well. I told you she's sick," Papoushka says. If I didn't know better, I might believe him.

Mama's true love is vodka. It's also her most toxic relationship.

.Sometimes she proudly drinks herself to total oblivion in front of friends, joking that she can hold her own, saying it comes from her Russian heritage, but most of the time she hides her dirty secret, drinking when no one can see her, drinking so she can function, drinking until she crashes. I didn't realize how bad it had gotten. Usually Papa kept me busy whenever she was having a down moment. He would play Chopin on his old piano, he would ask me to help him cook *pelmeni*—ravioli-like bundles of dough with meat and onions inside. My favorite kind has mushrooms and mashed potatoes in them.

„Ich hab' gesagt, ich bin in einer Minute unten." Mamas Stimme hat einen scharfen Ton, und ich weiche langsam zurück und fühle mich, als ob mir jemand die Faust in den Bauch geschagen hätte. Sie ist wahrscheinlich wieder am Trinken, und wiederum werde ich daran erinnert, welchen Platz ich in ihrem Leben einnehme ... Keinen.

Ich stapfe wieder nach unten. Papa wartet auf mich, stirnrunzelnd. „Es geht ihr nicht gut. Ich habe dir doch gesagt, dass sie krank ist", sagt Papoushka. Wenn ich es nicht besser wüßte, würde ich ihm glauben.

Mamas wahre Liebe ist Wodka. Es ist auch ihre schädlichste Beziehung.

Manchmal trinkt sie stolz bis zur totalen Vergessenheit vor ihren Freunden, scherzend, dass sie es wegkippen kann, mit der Behauptung, dass dies von ihrer russischen Veranlagung komme, aber die meiste Zeit versteckt sie ihr schmutziges Geheimnis und trinkt, wenn keiner sie sehen kann; sie trinkt, so dass sie durchhalten kann, trinkt, bis sie zusammenbricht.

Mir war nicht klargewesen, wie schlimm es geworden war. Normalerweise hat Papa mich immer beschäftigt, wenn sie einen ihrer „down"-Momente hatte. Er hat dann Chopin auf seinem alten Piano gespielt, er hat mich gebeten, ihm beim *pelmeni*-Kochen zu helfen – Ravioli-ähnliche Teigbälle mit Fleisch und Zwiebeln gefüllt. Meine Lieblingsart sind die mit Pilzen und Kartoffelpüree.

He would take me for a walk by the water, or he would insist it was okay for me to spend hours on the phone with Becca or rehearsing at the local studio.

"I'll go practice upstairs for a while," I tell him.

"Natoushka." He holds his hand out, but I shake my head.

"I'll be dancing."

This is what I do when the pain becomes too much, when the knowledge that my own mother doesn't care about me makes it hard to breathe. I dance.

Upstairs, I stretch my muscles to the music Papa plays down below. The notes he's creating from the piano are the saddest I've ever heard.

He plays "The Farewell Waltz" from Chopin again and again. And for the first time, I'm afraid that even though my father loves my mom, she may have gone too far.

Er hat mit mir einen Spaziergang am Wasser entlang gemacht, oder er hat darauf bestanden, dass es okay sei, wenn ich Stunden mit Becca am Telefon verbrachte oder im örtlichen Studio zum Proben ging.

„Ich gehe oben ein Weilchen üben", sage ich zu ihm.

„Natoushka." Er streckt seine Hand aus, aber ich schüttele den Kopf.

„Ich gehe tanzen."

Das ist das, was ich mache, wenn der Schmerz zu groß wird, wenn mir das Wissen, dass meine eigene Mutter sich nicht um mich schert, das Atmen schwer macht. Ich tanze.

Oben strecke ich meine Muskeln zur Musik, die Papa unten spielt. Die Noten, die er aus dem Piano lockt, sind die traurigsten, die ich je gehört habe.

Er spielt "Abschiedswalzer" von Chopin wieder und wieder. Und zum ersten Mal habe ich Angst, dass sie, obwohl mein Vater meine Mutter liebt, dieses Mal vielleicht zu weit gegangen ist.

Audition time

March 19th, 11 a.m.

I ENTER THE audition room with my head high.

The director of the school smiles to the other judges. "Here's our first student, Natalya Pushkaya, the daughter of Katya Pushkaya." I'm not sure he says this so that everyone knows exactly who I am or because he's trying to remind me that I need to be at least as good as my mother. His eyes bore into mine. "Natalya, are you ready?"

I nod, not trusting my vocal cords. The director raises one finger to the technician. My heart pounds in my ears until I hear the first notes.

The music pulls me into the story and the audience is no longer there. I'm Aurora, and I bow to my suitors, energy extending to my fingertips. I turn away, suddenly shy, but butterflies flutter in my stomach.

I can look for love. Love can be real and I have the world in front of me. I tap my toe and extend my back leg, and then turn into a pirouette.

Zeit für das Vortanzen

19. März, 11 Uhr morgens

ICH BETRETE den Vortanzenssaal mit meinem Kopf hoch. Der Direktor der Schule lächelt zu den anderen Richtern. „Hier ist unsere erste Schülerin, Natalya Pushkaya, die Tochter von Katya Pushkaya." Ich bin mir nicht sicher, ob er das sagt, damit jeder genau weiß, wer ich bin, oder weil er versucht, mich daran zu erinnern, dass ich mindestens so gut wie meine Mutter sein muss. Seine Augen bohren sich in meine. „Natalya, bist du bereit?"

Ich nicke, da ich meinen Stimmbändern nicht traue. Der Direktor erhebt einen Finger zum Techniker. Mein Herz pocht in meinen Ohren, bis ich die ersten Noten höre.

Die Musik zieht mich in die Geschichte und das Publikum ist nicht mehr da. Ich bin Aurora, und ich verneige mich vor meinen Freiern; Energie fährt bis in meine Fingerspitzen. Ich wende mich ab, plötzlich schüchtern, aber Schmetterlinge flattern in meinem Bauch.

Ich kann Liebe suchen. Liebe kann echt sein, und ich habe die Welt vor mir. Ich stelle mich auf die Zehenspitze und strecke mein hinteres Bein, und dann drehe ich eine Pirouette.

One turn.

Two turns.

Three turns.

I pause, inhale and exhale, and wait for the music to change. As soon as it does, I retreat to the darkest place inside myself, to the part of me no one knows, the part that feels empty and lost, that misses her babushka so much that it hurts *not* to cry, but that knows crying would destroy her.

Everyone has a dark place they keep hidden most of the times.

No one is only made of sunshine; even those people smiling or laughing all the time have memories that hurt them and people they miss. Being happy doesn't mean never being sad.

My movements grow heavier. My eyes drift closed, and when I open them, I see darkness around me.

I finish this segment of the dance, almost in tears.

I bow. My entire body pulsates, my heart hammers, and when I look at the judges, I hear my mother's name and the words *at least as talented*.

I'm about to burst with pride, but instead of doing a small jump, the end of my performance lingers in my mind. I bite the inside of my cheek, grounding myself in the present.

Eine Drehung.

Zwei Drehungen.

Drei Drehungen.

Ich halte inne, atme ein, dann aus, und warte darauf, dass die Musik wechselt.

Sobald das geschieht, ziehe ich mich auf den dunkelsten Ort in mir selbst zurück, den Teil von mir, den niemand kennt, den Teil, der sich leer und verloren anfühlt, der seine Babushka so sehr vermisst, dass es weh tut, *nicht* zu weinen, der aber weiß, dass das Weinen es zerstören würde.

Jeder hat einen dunklen Ort, den man die meiste Zeit verborgen hält.

Niemand ist nur aus Sonnenschein gemacht; sogar Leute, die ständig lächeln oder lachen haben Erinnerungen, die ihnen wehtun und Menschen, die sie vemissen. Glücklich sein bedeutet nicht, nie traurig zu sein.

Meine Bewegungen werden schwerer. Meine Augen fallen zu, und als ich sie öffne, sehe ich Dunkelheit um mich herum.

Ich beende dieses Segment des Tanzes, den Tränen nahe.

Ich verneige mich. Mein ganzer Körper pulsiert, mein Herz pocht, und als ich die Richter ansehe, höre ich den Namen meiner Mutter und die Worte *mindestens so talentiert.*

Ich würde am liebsten vor Stolz platzen, aber stattdessen mache ich einen kleinen Sprung, während das Ende meiner Vorstellung in meinem Kopf verhallt. Ich beiße die Innenseite meiner Wange und verankere mich in der Gegenwart.

The judges nod politely and take a few notes. Maria, the former dancer from the American Ballet Company, gives me a thumbs-up while the other judges deliberate.

"Thank you," I say.

"Our decision will be posted on the wall on Monday," the director says. Then he clears his throat. "But you know, Natalya, make sure you rest this weekend. You'll need it in the next few weeks."

"I will," I say. My brain is going through all the possible hidden meanings of this statement. Either I'll need to practice because I sucked or I am getting an important role. Maybe *the* role.

Only three more days until I find out.

Svetlana opens the door of the audition room and ushers me out.

My heart does little energetic *pas chassés* and I'm so excited that I skip down the hall as soon as the door closes behind me. I almost run into Emilia, who's biting the skin around her nails.

"You did great, didn't you? I can't believe I'm going after you. Right after the best student at school. I'm doomed!" She sighs and then smiles, but it doesn't reach her eyes. "I'm happy for you. But you know, I just want to be first for once." She pauses and then turns away, muttering. "First somewhere. I'm not first anywhere, not with my parents, not with him. Not here."

Die Richter nicken höflich und machen einige Notizen. Maria, die ehemalige Tänzerin der American Ballet Company gibt mir ein Daumen-hoch, während die anderen Richter sich beratschlagen.

„Danke", sage ich.

„Unsere Entscheidung wird am Montag an der Wand hängen", sagt der Direktor. Dann räuspert er sich. „Aber damit du es weißt, Natalya, du solltest dafür sorgen, dass du dich dieses Wochenende ausruhst. Du wirst es in den nächsten Wochen brauchen."

„Wird gemacht", sage ich. Mein Gehirn geht alle möglichen versteckten Bedeutungen dieser Aussage durch. Entweder werde ich Übung brauchen, weil ich total mies war oder ich bekomme eine wichtige Rolle. Vielleicht *die* Rolle.

Nur noch drei Tage, bis ich es herausfinde.

Svetlana öffnet die Tür des Vortanzenssaals und geleitet mich hinaus.

Mein Herz macht kleine energische *pas chassés* und ich bin so aufgeregt, dass ich den Flur entlang hüpfe, sobald sich die Tür hinter mir schließt. Ich stoße fast mit Emilia zusammen, die an der Haut ihrer Fingernägel herumknabbert.

„Du warst super, nicht wahr? Ich kann nicht glauben, dass ich nach dir drankomme. Gleich nach der besten Schülerin der Schule. Ich bin todgeweiht!" Sie suefzt und lächelt dann, aber das Lächeln erreicht ihre Augen nicht. „Ich freue mich für dich. Aber weißt du, ich möchte nur einmal die Erste sein." Sie stockt und dann wendet sie sich ab und murmelt. „Irgendwo die Erste. Ich bin nirgendwo die Erste, nicht mit meinen Eltern, nicht mit ihm. Nicht hier."

She sniffles.

"You'll do fine," I tell her. "You're going to be amazing. If I'm threatened by anyone, it's you."

And it's half-true. I am afraid of her being chosen instead of me. She doesn't have the passion, but she has the technique, and her mom was a big donor to the school. Mine's a celebrity in her own right, but never threw money at the board.

I squeeze her hand. "Look at me." I pause until our gazes lock. "You worked hard for this. You performed the routine perfectly yesterday. Just let yourself go."

"What do you mean?"

"Stop overthinking the routine. *Feel* it. Feel every movement. When you dance, pretend Nick's the only one watching you."

"Nick? You really want me to fail, don't you?" She laughs, but her eyes sparkle at the idea and I know I'm right.

"You want *him* to wake you up with a kiss. You want to live every moment of the kiss, you want everyone to feel the way you do. Show them how you feel!"

"Emilia," Svetlana calls.

Sie schnieft.

„Du schafffst das schon", sage ich ihr. „Du wirst sicher spitze sein. Wenn jemand mir bedrohlich werden kann, dann bist du das."

Und das stimmt auch halbwegs. Ich habe Angst, dass sie anstelle von mir gewählt wird. Sie hat nicht die Leidenschaft, aber sie hat die Technik, und ihre Mutter war eine große Stifterin für die Schule. Meine ist eine Berühmtheit auf ihre Weise, aber sie war nie in der Lage, das Gremium mit Geld zu bewerfen.

Ich drücke ihre Hand. „Sieh mich an." Ich bin still, bis unsere Blicke sich kreuzen. „Du hast hart dafür gearbeitet. Du hast die Rutine gestern perfekt durchgeführt. Lass dich einfach gehen."

„Wie meinst du das?"

„Hör auf, die Rutine kaputt zu analisieren. *Fühle* sie. Fühl jede Bewegung. Wenn du tanzt, stell dir vor, Nick ist der einzige, der dir zuschaut."

„Nick?" Du willst wohl wirklich,dass ich durchfalle, wie?" Sie lacht, aber ihre Augen funkeln bei dem Gedanken, und ich weiß, ich bin richtiggelegen.

„Du *willst* von ihm mit einem Kuss geweckt werden. Du willst jeden Augenblick des Kusses erleben, du willst, dass alle fühlen, was du fühlst. Zeig ihnen, was du fühlst!"

„Emilia," ruft Svetlana

"You can do it. I mean it. Do you want me to wait for you?"

She shakes her head. "No. Go. I'll be fine. Thank you." She walks to the entrance, her head high and her shoulders back.

And like we do before any big event, I call out what many ballerinas around the world use instead of the ill-fated *break a leg*. *"Merde!"*

She doesn't turn back to me.

„Du schaffst das. Ich meine es ernst. Soll ich auf dich warten?"
Sie schüttelt den Kopf. "Nein. Geh schon. Ich werde es schon hinkriegen. Danke." Sie geht zum Eingang, mit ihrem Kopf hocherhoben und die Schultern zurückgestreckt.

Und wie wir das immer tun vor einer Großveranstaltung, rufe ich ihr das nach, was viele Ballerinas rund um die Welt anstelle des unheilvollen *Hals-und Beinbruch* benutzen: „*Merde!*"

Sie dreht sich nicht nach mir um.

One day after the audition

March 20th, 5 p.m.

I HAVEN'T seen Mama all day, even during lunch. Papa tried to distract me with conversation about school and the new piano piece he's working on, but sometimes his eyes would focus on the stairs as if she'd magically appear. He's been playing the piano for a good part of the afternoon, and I've been upstairs in my room rehearsing.

This hasn't been the weekend I imagined. At all. It's been so long since I spent time at home.

I really believed that at least we would have dinner together, that maybe we'd cuddle on the couch and watch a movie, that Mama would ask me about my audition, that we would go on a walk like we did when I was younger and was obsessed with finding the perfect leaves to draw.

Einen Tag nach dem Vortanzen

20. März, 5 Uhr nachmittags

ICH HABE Mama den ganzen Tag nicht gesehen, nicht einmal zum Mittagessen. Papa hat versucht, mich mit Gesprächen über die Schule und das neue Klavierstück zu unterhalten, an dem er arbeitet, aber manchmal richten sich seine Augen auf die Treppe, als ob sie magisch erscheinen würde. Er hat einen Großteil des Nachmittags Klavier gespielt und ich war oben in meinem Zimmer beim Proben.

Das Wochenende ist nicht so gelaufen, wie ich mir das vorgestellt habe. Ganz und gar nicht. Es ist schon so lange her, dass ich Zeit zu Hause verbracht habe.

Ich hatte echt geglaubt, dass wir wenigstens zusammen zu Abend essen würden, dann vielleicht auf dem Sofa kuscheln und einen Film ansehen, und dass Mama mich über das Vortanzen fragen würde, dass wir spazieren gehen würden, wie wir das gemacht haben, als ich jünger war und davon besessen gewesen bin, perfekte Blätter zum Zeichnen zu finden.

"Zatknis!" I hear Papa shout from downstairs. I startle. It means "shut up" in Russian and I've only heard him swear twice before: once when he lost the bid to compose a soundtrack and again when Becca's parents dropped a bucket of water on him at the lake. I leave my music on, hoping my parents won't hear me coming down the stairs. Something shatters on the floor, and a door slams. Now they're in the study, and they're screaming at each other in a mixture of English and Russian, their voices muffled so I can't understand what they're saying.

The doors flies open, and Mama's eyes widen when she sees me. "Natoushka," she whispers. Her hand hovers in the air, as if she wants to touch my cheek or pull me close to her. But instead, she sighs and goes back to her bedroom without a word. There's a shuffle, and sound of a dresser opening.

Papa's still in the study.

"Papoushka," I say.

He's holding a picture of the family at Christmas two years ago. The picture was taken right after eating my babushka's famous *vinegret*—iced boiled beet roots, potatoes, carrots, chopped onions, and sauerkraut. We'd convinced Babushka to stay with us for two weeks. Yuri had come down from the city with his girlfriend at the time, Tawna. Everyone's laughing in the picture.

„*Zatknis!*" höre ich Papa unten schreien. Ich fahre zusammen. Es bedeutet „halt den Mund" auf Russisch und ich habe nur zweimal vorher gehört, dass er schwört: einmal als er eine Ausschreibung für einen Soundtrack verloren hat und dann nochmal, als Beccas Eltern einen Eimer Wasser über ihn am See gekippt hatten. Ich lasse meine Musik laufen in der Hoffnung, dass meine Eltern mich nicht hören werden, wenn ich die Treppe herunterkomme. Etwas zerbricht auf dem Fußboden, und eine Tür knallt zu. Jetzt sind sie im Arbeitszimmer, und sie schreien sich in einer Mischung von Russisch und Englisch an, mit gedämpften Stimmen, so dass ich nicht verstehen kann, was sie sagen.

Die Tür fliegt auf und Mamas Augen weiten sich, als sie mich sieht. „Natoushka", flüstert sie. Ihre Hand schwebt in der Luft, als ob sie meine Wange berühren oder mich an sich ziehen wollte. Aber stattdessen seufzt sie und geht ohne ein Wort zurück in ihr Schlafzimmer.

Da ist ein Schlurfen und das Geräusch einer Kommode, die geöffnet wird.

Papa ist immer noch im Arbeitszimmer.

„Papoushka", sage ich.

Er hält ein Foto der Familie zu Weihnachten vor zwei Jahren in der Hand. Das Bild war direkt danach aufgenommen worden, als wir Babushkas berühmte *vinegret* gegessen hatten – auf Eis gelegte gekochte Rüben, kleingehackte Zwiebeln, und Sauerkraut. Wir hatten Babushka dazu überredet, für zwei Wochen bei uns zu bleiben. Yuri war mit seiner derzeitigen Freundin, Tawna, aus der Stadt gekommen. Auf dem Foto lachen alle.

"Papoushka," I repeat.

"Everything's fine, Nata. Everything's okay." But his shoulders are slumped and he continues to stare at the picture. "It's okay."

Mama stumbles down the stairs with her suitcase.

My eyes dart from him to her. She pauses at the door, and my heart's screaming for him to stop her. He's always the reasonable one. He's always the one making sure they keep it together. But he doesn't say a single word.

"Mama?" I call, hoping against all odds that she'll stop and listen to me.

When she does stop and turns around, I hold my breath. I take a step forward, but Papa slams the picture down on the shelf, and in a voice of steel, says, "*Zatknis*, Katya."

Mama flinches and then hurries out the door.

„Papoushka", wiederhole ich.

„Alles in Ordnung, Nata. Alles klar." Aber seine Schultern hängen herunter und er starrt weiterhin auf das Foto. „Ist schon gut."

Mama stolpert die Treppe mit ihrem Koffer herunter.

Meine Augen schießen von ihm zu ihr. Sie bleibt an der Tür stehen und mein Herz schreit ihn an, sie aufzuhalten. Er ist doch immer der Vernünftige. Er ist immer derjenige, der dafür sorgt, dass sie zusammenhalten. Aber er sagt kein einziges Wort.

„Mama?" rufe ich allen Widrigkeiten zum Trotz in der Hoffnung, dass sie anhalten und auf mich hören wird.

Als sie tatsächlich anhält und sich umdreht, halte ich den Atem an. Ich mache einen Schritt vorwärts, aber Papa knallt das Bild zurück auf das Regal, und mit Stahl in der Stimme sagt er:

„*Zatknis*, Katya."

Mam zuckt zusammen und dann eilt sie die Tür hinaus.

A car honks. Out the window, I see a cab in front of the house; Mama disappears into it. At least she doesn't intend to drive; the way she swayed as she stood didn't look too good.

"What happened?" I ask Papa. "And *don't* tell me it's fine."

"We had a fight, but nothing to worry about. I'll make us something for dinner."

"Mama just *left*. She packed a suitcase and left, and you want to stay here and eat dinner? I know she's not easy, and I know the way she treats you is wrong, but you never let her go like this before!"

"It's only for a few days. Until we both calm down."

"What if she drinks too much?"

"She'll be fine."

There's glass from a shattered vase on the floor, probably what I heard earlier. Books are scattered on the floor, and the lines around Papa's eyes look deeper. He looks like he's aged ten years in ten minutes.

He softly touches my cheek. "It's got nothing to do with you, my Natoushka. Sometimes people just need some time apart."

"Are . . . are you going to stay together?"

Ein Auto hupt. Aus dem Fenster sehe ich ein Taxi vor dem Haus; Mama verschwindet da hinein. Zumindest hat sie nicht die Absicht, zu fahren; so wie sie beim Stehen geschwankt hat, sah sie nicht allzu gut aus.

„Was war los?" frage ich Papa. „Und sag mir *bloß nicht*, dass alles in Ordnung ist".

„Wir hatten einen Streit, aber keine große Sache. Ich mache uns etwas für das Abendessen."

„Mama ist gerade *abgehauen*. Sie hat ihren Koffer gepackt und ist abgehauen, und du willst hierbleiben und zu Abend essen? Ich weiß, es ist nicht einfach mir ihr, und ich weiß, dass die Art, wie sie dich behandelt, nicht richtig ist, aber du hast sie noch nie so gehen lassen wie jetzt!"

„Es ist ja nur für ein paar Tage. Bis wir uns beide beruhigt haben."

„Was passiert, wenn sie zu viel trinkt?"

„Ihr wird's gut gehen."

Da ist ein Glasstück von einer zerbrochenen Vase auf dem Fußboden, wahrscheinlich war es das, was ich vorher gehört hatte. Bücher liegen auf dem Boden verstreut, und die Linien um Papas Augen herum sehen tiefer aus. Er sieht so aus, als ob er in zehn Minuten zehn Jahre galtert ist.

Er berührt sanft meine Wange. „Das hat nichts mit dir zu tun, meine Natoushka. Manchmal brauchen Leute einfach etwas Zeit auseinander." „Werdet ....werdet ihr zusammenbleiben?"

"No matter what we decide, I want you to know that we both love you. It has nothing to do with you."

"But—"

"No more questions, Natoushka." He runs his finger over the picture he held earlier, clears his throat, and then strides out of the room. I pick up the photo. My dad's arm is around my mom and she's leaning into him.

When did my family start falling apart?

„Egal, was wir entscheiden, ich will, dass du weißt, dass wir dich beide lieben. Dies hat nichts mit dir zu tun."

„Aber –"

„Schluss mit den Fragen, Natoushka." Er fährt mit dem Finger über das Foto, das er vorher festgehalten hat, räuspert sich, und dann schreitet er aus dem Zimmer. Ich hebe das Foto auf. Der Arm meines Vaters ist um meine Mutter geschlungen, und sie lehnt sich an ihn.

Wann hat meine Familie angefangen, sich aufzulösen?

Six hours after the audition

March 19th, 6 p.m.

UNCLE YURI picks me up on time, as usual. He only uses his chauffeur when we're going to Delmonico's from the School of Performing Arts because getting cabs at this hour is insane and taking the subway would take forever.

"Hi, future star," he says as I step in. I settle into the car's leather backseat and smile at the scent of his cologne in the air. He looks tired, but his smile still wrinkles in his Pushkaya eyes, as he calls them. Mama's eyes are also blue, but much, much lighter, almost transparent.

"Don't jinx it," I reply. He squeezes my shoulders.

"I'm sure you did amazing, and you know what we're celebrating today, right?"

"What?"

"The fact that you worked so hard and that you did your best! We'll be proud of you no matter what."

I nod. Spending time with Uncle Yuri is always a mixture of feeling like I'm with Papa because they look and sound so alike and feeling like I'm with a good friend who always finds a way to make me laugh.

Sechs Stunden nach dem Vortanzen

19. März, 6 Uhr abends

ONKEL YURI holt mich pünktlich ab, wie immer. Er nutzt seinen Chauffeur nur, wenn wir von der School of Performing Arts aus zu Delmonico's gehen, weil es Wahnsinn ist, um diese Zeit ein Taxi zu bekommen, und die U-Bahn würde ewig dauern.

„Hey, angehender Star", sagt er, als ich einsteige. Ich lasse mich im Lederrücksitz nieder und lächle bei dem Duft von seinem Eau de Cologne in der Luft. Er sieht müde aus, aber ein Lächeln kräuselt sich um seine Pushkaya-Augen, wie er sie nennt. Mamas Augen sind auch blau, aber viel, viel heller, fast durchsichtig.

„Verhex das bloß nicht", antworte ich. Er drückt meine Schultern.

„Ich bin sicher, du warst umwerfend, und du weißt, was wir heute Abend feiern, oder?"

„Was denn?"

„Die Tatsache, dass du so hart gearbeitet hast und dass du dein Bestes gegeben hast! Wir sind stolz auf dich, egal was du machst."

Ich nicke. Die Zeiten mit Onkel Yuri sind immer eine Mischung aus dem Gefühl, mit Papa zusammen zu sein, da sie so ähnlich aussehen und klingen, und dem Gefühl, ich wäre mit einem guten Freund zusammen, der immer einen Weg findet, mich zum Lachen zu bringen.

Yuri is only two years younger than Papa, but he has a carefree attitude that Papa no longer has.

His phone rings. "Hi, Mona. What's up in Montana? Have you caught a cowboy yet?" He laughs. Mona and Uncle Yuri had been sort-of dating, but he didn't want to be tied down.

I watch the city through the window, my audition dancing circles in my mind.

Maybe I should have smiled more. Or maybe less. Maybe I should have given more power to my pirouette. Maybe I should have extended my arms higher above my head when I jumped into a *grand jeté*, flying up in the air.

He nudges me. "You did great, I'm sure. Stop thinking about it. How about I tell you about the latest drama in my building instead?"

Uncle Yuri always tells me stories about the people who live in his building. This time he tells me about a lady who's about ninety years old; he's convinced she used to be a spy.

It's probably only his imagination. We love to play the what-if game when watching people.

"What if she was a spy and used to be a ballerina as a cover-up?" I suggest.

Yuri ist nur zwei Jahre jünger als Papa, aber er hat eine Unbekümmertheit an sich, die Papa nicht mehr hat.

Sein Telefon klingelt. „Hey, Mona. Wie läuft's in Montana? Hast du dir schon einen Cowboy geangelt?" Er lacht. Mona und Onkel Yuri sind mal zusammen gewesen, aber er hatte sich nicht binden wollen.

Ich schaue durch das Fenster auf die Stadt, während mir das Vortanzen im Kopf herumkreist.

Vielleicht hätte ich mehr lächeln sollen. Oder vielleicht weniger. Vielleicht hätte ich mehr Energie in meine Pirouette stecken sollen. Oder vielleicht hätte ich meine Arme höher über den Kopf strecken sollen beim Sprung in das *grand jeté,* als ich durch die Luft geflogen bin.

Er stupst mich. „Du warst großartig, da bin ich sicher. Hör auf, darüber nachzugrübeln. Wie wär's, wenn ich dir stattdessen über das neueste Drama in meinem Gebäude erzähle?"

Onkel Yuri erzählt mir immer Geschichten über die Leute, die in seinem Gebäude leben. Diesmal erzählt er mir über eine Dame, die um die 90 Jahre alt ist; er ist überzeugt, dass sie mal eine Spionin gewesen ist.

Das ist wahrscheinlich alles nur in seiner Vorstellung. Wir lieben es, das Was-wäre-wenn-Spiel zu spielen, wenn wir Leute beobachten.

„Wie wäre es, wenn sie früher mal eine Spionin gewesen ist und Ballerina als Tarnung?" schlage ich vor.

Uncle Yuri tilts his head to one side. "No ballerina stories this evening. You need to relax."

I shrug, knowing too well that it will be hard for me to talk about anything else when I'm still pulsing from the audition. The car stops in front of Delmonico's.

"Come on, let's go," my uncle says.

The maître d' takes us to my uncle's favorite table, the one in the corner. We have to walk through the entire room to get there. Yuri, as always, shakes a few hands, pats a few backs, and offers a few compliments on the way before we sit down.

We order our usual dishes: a Delmonico steak with garlic-herb whipped potatoes and a side of roasted onions and wild mushrooms for Yuri, and a filet mignon with grilled asparagus for me.

"Are you going to stay in the city this summer?" Uncle Yuri asks. He sips a glass of red wine while I enjoy my Shirley Temple. "You know you can stay with me if you do. Do your dorms even have AC?"

My lips pull into a smile. He always worries that my school isn't providing me with enough comfort. He doesn't realize that I don't have *time* for comfort. It's all about work.

Onkel Yuri legt den Kopf zur Seite. „Keine Ballerina-Geschichten heute Abend. Du musst dich entspannen."

Ich zucke die Achseln, da ich nur zu gut weiß, dass es schwierig für mich sein wird, von irgendetwas anderem zu sprechen, wenn ich noch von dem Vortanzen nachbebe. Das Auto hält vor Delmonico's.

„Komm schon, gehen wir", sagt mein Onkel.

Der Mâitre d' begleitet uns zum Lieblingstisch meines Onkels, dem in der Ecke. Wir müssen den ganzen Raum durchqueren, um dorthin zu gelangen. Yuri, wie immer, schüttelt ein paar Hände, klopft ein paar Rücken, und macht ein paar Komplimente auf dem Weg, bevor wir uns setzen.

Wir bestellen unsere üblichen Speisen: ein Delmonico Steak mit Knoblauchkräuter-Kartoffelpüree und einer Beilage von gerösteten Zwiebeln und Waldpilzen für Yuri und ein Filet Mignon mit gegrilltem Spargel für mich.

„Bleibst du diesen Sommer in der Stadt?" fragt Onkel Yuri. Er nippt an seinem Glas Rotwein, während ich meinen Shirley Temple genieße. „Du weißt, dass du bei mir bleiben kannst, wenn du das machst. Haben die da überhaupt Klimaanlagen in euren Studentenwohnheimen?"

Meine Lippen verziehen sich zu einem Lächeln. Er ist immer besorgt, dass meine Schule mir nicht genug Bequemlichkeit anbietet. Er begreift nicht, dass ich gar keine *Zeit* für Annehmlichkeiten habe. Arbeit ist das Ein und Alles.

"I'm not sure yet. Papa said he'd like to go back to New Jersey, even if Babushka isn't . . ." I swallow through the lump in my throat. Talking about my grandmother is still difficult. "I think he wants to make sure I get to spend some time with Becca. And Mama with Becca's mom. Whenever we're there, she seems more relaxed."

"That sounds good." Yuri takes another sip and then sits back in his chair. "How is Emilia doing?"

We talk about everything—his job as a lawyer, the movie he wants to take me to in two weeks, how we both look forward to spring. In the back of my mind, though, I can't help wondering about the auditions and the upcoming weekend at my parents' house.

I decline the offer of dessert, but it's tough to say no. Especially when I can practically taste the apricot jam and banana gelato of their classic Baked Alaska walnut cake melting on my tongue. But if I wanted dessert, I should have had a salad, not the filet mignon.

Uncle Yuri orders an espresso and clears his throat. "So, what's wrong?"

„Ich bin noch nicht sicher. Papa sagt, er würde gerne nach New Jersey zurückgehen, auch wenn Babushka nicht mehr..." Ich schlucke am Kloß in meinem Hals. Es ist immer noch schwer, über meine Großmutter zu sprechen. „Ich glaube, er möchte sicherstellen, dass ich dazu komme, etwas Zeit mit Becca zu verbringen. Und Mama mit Beccas Mutti. Jedes Mal, wenn wir da sind, scheint sie entspannter."

"Hört sich gut an." Yuri trinkt noch ein Schlückchen und lehnt sich in seinem Stuhl zurück. „Wie geht es Emilia?"

Wir reden über alles – seinen Job als Anwalt, den Film, zu dem er mich in zwei Wochen schleppen will, und wie wir beide uns auf den Frühling freuen. Ich kann aber nicht anders, als im Hinterkopf Gedanken über das Vortanzen und über das bevorstehende Wochenende zuhause bei meinen Eltern herumzuwälzen.

Ich lehne das Angebot ab, einen Nachtisch zu essen, aber es ist schwer, nein zu sagen. Vor allem, wenn ich die Aprikosenmarmelade und das Bananen-Gelato auf ihrem klassischen Gebackenen Alaska-Walnuss Kuchen praktisch schon auf der Zunge schmelzen fühle. Aber wenn ich eine Nachspeise gewollt hätte, dann hätte ich einen Salat, nicht das Filet Mignon essen sollen.

Onkel Yuri bestellt einen Espresso und räuspert sich. „Also, was ist los?"

My head snaps up. "What do you mean?" I try to sound surprised, but my voice is too low.

"You've been playing with your necklace almost all evening."

"Huh?"

"Whenever you're stressed about something, or you're sad, you can't stop playing with your necklace." He smiles. "You'd be a terrible poker player."

"Have you played poker recently?" I ask, trying to redirect the conversation to safer topics.

"Don't change the subject." He sighs. "Are you still worried about the auditions? Because I already told you, Nata: you did your best. You work all the time, you aim for perfection, and every single time I see you on stage, I am amazed at how easy you make it all seem."

I swallow the lump in my throat. Why can't Mama say this to me?

My uncle covers my hand with his and gives me a gentle pat before taking another sip of his espresso. "Come on, talk to me, Natoushka."

I take a deep breath, release it, and then clutch my necklace.

Mein Kopf schnappt hoch. „Wie meinst du das?" Ich versuche, überrascht zu klingen, aber meine Stimme ist zu schwach.

„Du hast schon fast den ganzen Abend mit deiner Halskette herumgespielt."

„Häh?"

„Immer, wenn du über etwas gestresst bist oder wenn du traurig bist, kannst du nicht aufhören, mit deiner Halskettette zu spielen." Er lächelt. „Du wärst ein schrecklicher Pokerspieler."

„Hast du in letzter Zeit Poker gespielt?" frage ich, um das Gespräch auf ungefährlichere Themen umzuleiten.

„Wechsele nicht das Thema." Er seufzt. „Bist du immer noch um das Vortanzen besorgt? Wie ich dir schon gesagt habe, Nata: du hast dein Bestes gegeben. Du bist ständig am Arbeiten, du strebst nach Perfektion, und jedes Mal, wenn ich dich auf der Bühne sehe, bin ich beeindruckt, wie einfach du das alles erscheinen läßt."

Ich schlucke einen Kloß in meinem Hals. Warum kann Mama mir sowas nicht sagen?

Mein Onkel bedeckt meine Hand mit der seinen und gibt mir einen sanften Klaps, bevor er noch einen Schluck Espresso trinkt. „Komm schon, raus damit, Natoushka."

Ich atme tief durch, atme aus, und dann umkammere ich meine Halskette.

"I don't want to go back home this weekend. I mean, I want to. I want to see them. And I have this picture in my mind of how it's supposed to be. Like Mama promised she'd come and pick me up at the airport, and maybe we'll do something all together, like spend some time at the seashore." I love walking by the water when it's still cold outside and the tourists aren't there yet. I let go of my necklace and then squeeze it again. "But I don't want to go home just to be ignored. Mama rarely pays attention to me. And Papa always seems so sad."

"Sad?" Uncle Yuri frowns.

"Like something's off. Maybe I'm losing it because I haven't slept that well for the past few weeks, but when I talked to him before the audition, he sounded . . ." I search for the right word, but it doesn't come to mind. I shrug. "Off. He sounded off."

"And your mom?"

"Mama didn't really talk. I think she was crying, but I can't be sure. She said she had a cold and that that was why she was sniffling, but I'm pretty sure she was crying." I pause. "Maybe I should just stay here this weekend."

. „Ich will dieses Wochenende nicht nach Hause gehen. Ich meine, Ich will schon. Ich möchte sie sehen. Und ich habe dieses Bild in meinem Kopf, wie das ablaufen sollte. Wie Mama versprochen hat, dass sie kommen würde, um mich vom Flughafen abzuholen und wir vielleicht alle zusammen etwas machen, wie zum Beispiel ein Weilchen an der Küste verbringen." Ich liebe es, am Wasser entlang zu gehen, wenn es noch kalt draußen ist und die Turisten noch nicht da sind. Ich lasse die Halskette los und dann drücke ich sie wieder. „Aber ich möchte nicht nach Hause gehen, nur um ignoriert zu werden. Mama schenkt mir kaum Beachtung. Und Papa scheint immer so traurig."

„Traurig?" Onkel Yuri runzelt die Stirn.

„So als ob etwas daneben ist. Vielleicht habe ich eine Macke, wiel ich schon seit Wochen nicht gut geschlafen habe, aber als ich mit ihm vor den Vortanzen gesprochen habe, klang er..." Ich suche nach dem passenden Wort, aber mir fällt nichts ein. Ich zucke die Achseln. „Daneben halt. Er klang daneben."

„Und deine Mutter?"

„Mama hat nicht viel gesprochen. Ich glaube, sie hat geweint, aber ich bin mir nicht sicher. Sie hat gesagt, dass sie erkältet war und darum geschniffelt hat, aber ich bin ziemlich sicher, dass sie geweint hat." Ich mache eine Pause. „Vielleicht sollte ich dieses Wochenende einfach hierbleiben."

Yuri sits back in his chair and rubs the back of his neck with one hand. That's *his* tell, the one that says he's worried about something but trying his best to not let it show. That's how he looks right before a big case, or before any of my recitals. He's always telling me to live life, but he also tells me I need to be careful not to hurt myself when dancing.

People don't realize how dangerous ballet can be: flying in the air in a *grand jeté*, making everyone believe in a story. If a ballerina does her job correctly, all movements will look easy and flawless; the hours spent behind the barre rehearsing cannot show.

Last year, two girls had to leave the school for months because of injuries: one didn't land a jump correctly and hurt her Achilles tendon, and the other had a total burnout because she couldn't handle the pressure.

My uncle still hasn't answered, and I clutch my necklace again. "What do you think? Should I go?"

Yuri lehnt sich auf seinem Stuhl zurück und reibt sich den Nacken mit einer Hand. Das ist *sein* Zeichen, das, woran man sieht, dass er über etwas beunruhigt ist, aber alles versucht, es nicht zu zeigen. So sieht er direkt vor einem großen Fall aus oder vor einer meiner Aufführungen. Er sagt mir immer, dass ich darauf achten muss, mich beim Tanzen nicht zu verletzen.

Die Leute begreifen nicht, wie gefährlich Ballett sein kann: man fliegt in der Luft in einem *grand jeté* und bringt alle dazu, die Gechichte zu glauben. Wenn die Ballerina ihre Arbeit richtig macht, sehen alle Bewegungen einfach und makellos aus; die Stunden der Proben an der Ballettstange dürfen nicht zu sehen sein.

Im vergangenen Jahr mussten zwei Mädchen die Schule für Monate wegen Verletzungen verlassen: eine ist nicht richtig gelandet und hat ihre Achillessehne verletzt, und die andere hatte einen totalen Burnout, weil sie mit dem Druck nicht fertig werden konnte.

Mein Onkel hat immer noch nicht geantwortet, und ich umklammere wieder meine Kette. „Was denkst du? Soll ich gehen?"

"Were you looking forward to seeing them?"

"Yes," I whisper. Because even though it's not always easy, I do miss them. And maybe this will be the weekend we end up reconnecting.

Yuri's lips turn up into a tiny smile, one that doesn't wrinkle his eyes. He doesn't say another word, though.

"I do want to see them," I continue, talking to him as well as myself. "Okay. I'll go. Everything's already set up and maybe I'm imagining things."

"What time is your flight tomorrow?"

"Nine a.m. from JFK."

"I'll take you there if you want. I only have to be in court later in the day."

"Okay."

"Let's get you back to school."

When we step out, snow flurries dust the sidewalk. I tilt my head and let out a sigh. "I love the snow, but it needs to stop so I can leave tomorrow," I say. I turn to look at Yuri. "Can you drop me off at the West 72nd Street entrance to the park?"

"Why not all the way to school? It's getting dark. I don't want you walking all by yourself."

"I'll be fine from there. I want to walk a bit."

"With the snow? You said you had enough of it."

"Hast du dich darauf gefreut, sie zu sehen?"

„Ja", flüstere ich. Denn obwohl es nicht immer leicht ist, vermisse ich sie doch. Und vielleicht wird es dieses Wochenende sein, wo wir unsere Verbindung wiederherstellen.

Auf Yuris Lippen erscheint ein winziges Lächeln, eines, das seinen Augen keine Fältchen gibt. Er sagt jedoch nichts weiter.

„ Ich will sie sehen", fahre ich fort, halb zu ihm wie zu mir selbst. „Okay. Ich werde gehen. Alles ist schon arrangiert und vielleicht bilde ich mir einige Dinge nur ein."

„Wie spät ist dein Flug morgen?"

„Neun Uhr morgens von JFK."

„Ich bring dich dahin, wenn du möchtest. Ich muss erst später am Tag im Gericht sein."

„Okay."

„Los, bringen wir dich zurück zur Schule."

Als wir hinausgehen, bestauben Schneeböen den Bürgersteig. Ich neige meinen Kopf und stoße einen Seufzer aus. „Ich liebe den Schnee, aber er muss aufhören, damit ich morgen abreisen kann", sage ich. Ich wende mich Yuri zu. „Kannst du mich am Parkeingang an der West 72nd Street absetzen?"

„Warum nicht ganz bis zur Schule? Es wird schon dunkel. Ich möchte nicht, dass du ganz allein zu Fuß gehst."

„Ich bin schon okay von dort aus. Ich möchte ein bisschen laufen."

„Mit dem Schnee? Du hast gesagt, du hast genug davon."

"I do, but at the same time, there's nothing like fresh snow in Central Park. And it's only a ten-minute walk from the west entrance. I'll be fine."

"All right. But you text me as soon as you get back to the dorms."

In the car, we don't talk much. Yuri frowns as if he wants to tell me something but isn't sure it's the right time. That's the face he had when Babushka passed away. My parents asked him to bring me home so they could tell me. She died all alone.

I swallow the tears that build up in the back of my throat whenever I think about how I wasn't there for her. I only called her once in a while. I took her for granted.

Mama always said that dancing requires sacrifices. I just never thought she also meant sacrificing people.

„Stimmt schon, aber zugleich gibt nichts so wie den frischen Schnee in Central Park. Und es ist nur ein 10-Minuten Spaziergang vom Westeingang. Mir geht's schon gut."

„Also gut. Aber du schickst mit eine SMS, sobald du im Wohnheim ankommst."

Im Auto sprechen wir nicht viel. Yuri hat die Stirn gerunzelt, als ob er mir etwas sagen will, aber nicht sicher ist, ob dies der richtige Moment ist. Das ist das Gesicht, das er hatte, als Babushka gestorben ist. Meine Eltern hatten ihn gebeten, mich nach Hause zu bringen, damit sie es mir sagen konnten. Sie war allein getorben.

Ich schlucke die Tränen hinunter, die mir im Hals hochkommen, wann immer ich daran denke, dass ich nicht für sie da gewesen bin. Ich hatte sie nur hin und wieder angerufen. Ich hatte sie als selbstverständlich angesehen.

Mama hat immer gesagt, dass das Tanzen Opfer erfordert. Ich hatte nur nie gedacht, dass sie damit auch gemeint hat, dass man auch Menschen opfert.

Two days after the audition

March 21st, 4 p.m.

"YOU'RE GOING TO BE LATE," Papa calls from outside. The snow drifts down steadily, covering everything in a peaceful white blanket.

My heart skips a beat. I've told him three times that I don't want to go back today. Mama is still gone and Papa looks even worse than he did yesterday. He doesn't understand that I deserve to know what's going on. If they get a divorce, would they even tell me?

"I don't want to go back. I want to stay here. They can tell me if I made it or not over the phone."

I stand still, burying my fears of them splitting up. Maybe divorce would be best for them. Mama's drinking is clearly getting out of hand, but then I'd lose her, too. There's no way she'll get help without Papa pushing her.

"You're going. End of discussion." He pauses. "You need to be back at school. We'll be fine, Natoushka. Okay? Grab your suitcase and let's go."

Zwei Tage nach dem Vortanzen

21. März, 4.00 Uhr nachmittags

„DU WIRST ZU SPÄT ANKOMMEN," ruft Papa von draußen. Der Schnee driftet beständig nach unten und bedeckt alles mit einer friedlichen weißen Decke.

Mein Herz setzt einen Schlag aus. Ich habe ihm dreimal gesagt, dass ich heute nicht zurückgehen wollte. Mama ist immer noch weg und Papa sieht noch schlimmer aus als gestern. Er versteht nicht, dass ich es verdiene, zu wissen, was los ist. Wenn sie sich scheiden ließen, würden sie mir wenigstens das sagen?

„Ich will nicht zurückgehen. Ich will hierbleiben. Die können mir das am Telefon sagen, ob ich es geschafft habe oder nicht."

Ich stehe still und verstecke meine Angst, dass sie sich trennen könnten. Vielleicht wäre eine Scheidung am besten für sie. Mamas Trinken ist eindeutig dabei, aus der Kontrolle zu geraten, aber dann würde ich sie auch verlieren. Mama würde auf keinen Fall Hilfe bekommen, wenn Papa sie nicht drängt.

„Du gehst. Ende der Diskussion." Er hält inne. „Du musst zur Schule zurückgehen. Bei uns wird alles gut gehen, Natoushka. Okay? Nimm deinen Koffer und los geht's."

I draw in slow, steady breaths. Getting mad at Papa won't solve anything. And he seemed so sad earlier at the kitchen table. "Fine, but I'm coming back next weekend," I reply.

"We'll see."

I walk carefully out the door and down the steps to the car, and then settle into my seat. Papa puts the car in reverse, and the tires slide on the wet ground.

"My flight might be cancelled, you know." I attach my seat belt and cross my arms over my chest.

Papa maneuvers the car out of the driveway and heads toward the interstate. The little roads are neither entirely plowed nor salted and I'm not sure how he can see anything with the snow as thick as it is. He turns the radio to NPR.

"Papa, why do you let yourself be bullied by her?" I ask after a few minutes. "You fight all the time, but it's getting worse."

"I don't want to talk about it, Natoushka," he replies.

"But *I* want to. Why did Mama leave? Why were you yelling?" I press him, but he doesn't answer, his fingers playing an invisible piano on the wheel.

Ich atme in langsamen und stetigen Luftzügen. Papa wütend zu machen, wird auch nichts lösen. Und kurz vorher am Küchentisch ist er so traurig erschienen. „Gut, aber ich komme nächstes Wochenende zurück", erwidere ich.

„Das werden wir dann sehen."

Ich gehe vorsichtig aus der Tür und die Treppe hinunter zum Auto, dann lasse ich mich im Sitz nieder. Papa legt den Rückwärtsgang ein, und die Reifen rutschen auf dem nassen Boden.

„Mein Flug könnte gestrichen sein, bedenk das nur." Ich schnalle meinen Sicherheitsgurt an und kreuze die Arme über meine Brust.

Papa manövriert das Auto aus der Ausfahrt und fährt in Richtung Interstate. Die schmalen Straßen sind weder geflügt, noch gestreut, und ich bin mir nicht sicher, wie er überhaupt etwas sehen kann in diesem dichten Schnee. Er schaltet das Radio auf NPR.

„Papa, warum läßt du dich von ihr tyrannisieren?" frage ich nach einigen Minuten. „Ihr zwei streitet euch die ganze Zeit, aber es wird immer schlimmer."

„Ich will darüber nicht reden, Natoushka", antwortet er.

„Aber *ich* will das. Warum ist Mama weggegangen? Warum hast du sie angeschrien?" bedränge ich ihn, aber er gibt keine Antwort, während seine Finger auf einem unsichtbaren Piano auf dem Lenkrad spielen.

"Papoushka?" I try again, but still nothing.

"Fine." I pump up the radio volume and change it to a Top-40 station.

"I told you not to play with the radio while I'm driving." He switches the program back.

"And I want to know what's going on." I change the radio again.

He swats my hand and sighs, not taking his eyes off the road. "The important thing is you know I love you."

He sounds so serious, way too serious. "Don't get all sentimental on me now, Papoushka," I say, trying to lighten the mood.

He glances my way, staring at me for what seems like forever. His fingers are all fidgety.

The car slides dangerously across the centerline of the road, but then he shakes his head, mutters something I don't understand, and rights the car, regaining control. Loud honking distracts him, and lights slice through the snow, nearly blinding me in the early-evening darkness.

A semi-truck barrels toward us, honks again, and then pummels across the road.

„Papoushka?" versuche ich es noch einmal, aber immer noch nichts.

„Auch gut." Ich drehe die Radiolautstärke auf und wechsele zu einer Top-40 Station.

„Ich habe dir gesagt, nicht mit dem Radio zu spielen, wähend ich fahre." Er schaltet das Programm zurück.

„Und ich will wissen, was los ist". Ich schalte das Radio wieder um.

Er gibt mir einen Klaps auf die Hand und seufzt, ohne die Augen von der Straße zu nehmen. „Das Wichtigste ist, dass du weißt, dass ich dich liebe."

Er klingt so ernst, viel zu ernst. „Werd' mir bloß nicht sentimental, Papoushka", sage ich in dem Versuch, die Stimmung aufzulockern.

Er schaut in meine Richtung, fixiert mich für eine halbe Ewigkeit. Seine Finger sind ganz zappelig.

Das Auto rutscht gefährlich auf den Mittelstreifen, aber dann schüttelt er den Kopf, murmelt etwas vor sich hin, das ich nicht verstehe, richtet das Auto gerade aus und erlangt wieder die Kontrolle.

Lautes Hupen lenkt ihn ab, und Lichter schneiden durch den Schnee und blenden mich fast in der frühabendlichen Dunkelheit.

Ein Sattelschlepper rollt auf uns zu, hupt noch einmal, und hämmert dann über die Straße.

I've never understood the expression "my life flashed before my eyes" until now. I have so many things I want to live for, so many things I still want to say, to Papa, to Mama, to Becca, and to the friends I have neglected. I have so many ballets to dance.

"Papa!" I yell.

"Hold on tight," Papa shouts, cranking the steering wheel. Our car slips across the road, tumbles to the side and into the grass.

It's moving so fast and we just keep going. It's like we'll never stop.

"Hold on!" Papa yells again.

And then there's nothing.

Ich habe den Ausdruck noch nie verstanden, wenn man sagt, „mein ganzes Leben ist an meinem inneren Auge vorbeigezogen", bis jetzt. Ich habe so viele Dinge, für die ich leben möchte, so viele Dinge, die ich noch sagen möchte, zu Papa, zu Mama, zu Becca, und zu den Freunden, die ich vernachlässigt habe. Ich habe so viele Balletts, die ich noch tanzen will.

„Papa!" schreie ich.

„Halt dich fest", ruft Papa, während er das Lenkrad herumkurbelt. Unser Auto schlittert über die Straße, stürzt auf die Seite und in das Gras.

Es bewegt sich so schnell mit uns, einfach immer weiter. Es ist, als ob wir nie anhalten würden.

„Halt fest!" gellt Papa wieder.

Und dann ist da gar nichts mehr.

Eight hours after the audition

March 19th, 8 p.m.

DESPITE WHAT I TOLD Uncle Yuri, I take the long way back to school through Central Park. I pull out my iPod and can't help the smile that blooms when one of my favorite of Chopin's waltzes comes on. Waltz in C-sharp minor starts somewhat slow, but then the pace picks up. I do a *pas chassé* and a quick pirouette, bowing to an invisible audience. The snow falls harder and everything looks magical, full of possibilities.

My shoulders feel light, and even though I'm still a bit worried about the results of my audition, dinner with Uncle Yuri relaxed me, and now I know in my heart and in my bones that I nailed it.

An imaginary conversation with the Juilliard recruitment committee plays out in my mind.

Acht Stunden nach dem Vortanzen

19. März, 8.00 Uhr abends

TROTZ ALLEM, WAS ICH Onkel Yuri gesagt habe, nehme ich den langen Weg durch Central Park zurück zur Schule. Ich ziehe meinen iPod heraus und kann das Lächeln nicht zurückhalten, das aufblüht, als einer meiner Lieblingswalzer von Chopin zu hören ist. Der Walzer in cis-Moll beginnt etwas langsam, aber dann zieht das Tempo an. Ich mache einen *pas chassé* und eine schnelle Pirouette, dann verbeuge ich mich vor einem unsichtbaren Publikum. Der Schnee fällt stärker, und alles sieht magisch aus, voller Möglichkeiten.

Meine Schultern fühlen sich leicht an, und obwohl ich immer noch ein wenig über die Ergebnisse meines Vortanzens besorgt bin, hat das Abendessen mit Onkel Yuri mich entspannt, und jetzt weiß ich in meinem Herzen und in meinen Knochen, dass ich es geschafft habe.

Eine imaginäre Unterhaltung mit dem Rekrutierungsausschuss von Juilliard spielt sich in meinem Kopf ab.

"Miss Pushkaya, this is unusual, but we'd like you to star as the principle ballerina for the showcases, and you have free reign over the choreography," the director of Juilliard tells me.

"I'd love to," I reply.

I skip across the snow-covered grass, laughing. Maybe I'm worried for nothing. Mama will pick me at the airport with Papa, and her eyes will glint with happiness while Papa stands tall, both of them shining with pride.

Maybe they won't fight this weekend. Maybe Mama won't drink. Maybe we'll celebrate as a family.

Together.

I hurry the rest of the way home, looking forward to seeing Emilia, to catching up with Becca, and to packing my suitcase. When I enter our room, though, Emilia's nowhere to be seen. She left a note on my desk, between the clutter of my papers and her neat bookshelf:

Gone to rehearse.

I frown. Even *I* took the evening off. Most students are out celebrating. Why is she rehearsing now?

I stride out of the room and make my way to the studio. Music blasts through the speakers. I open the door and poke my head inside.

„Miss Pushkaya, das ist ungewöhnlich, aber wir möchten, dass Sie als Primaballerina in den Vorstellungen auftreten, und Sie werden freie Hand in der Choreografie haben", sagt mir der Direktor von Juilliard.

„Es wäre mir ein Vergnügen", antworte ich.

Ich hüpfe über das schneebedeckte Gras, lache. Vielleicht mache ich mir Sorgen um gar nichts. Mama wird mich mit Papa vom Flaguhafen abholen, und ihre Augen werden vor Glück sprühen, während Papa aufrecht dabeisteht, beide strahlend vor Stolz.

Vielleicht werden sie sich dieses Wochenende nicht streiten. Vielleicht wird Mama nicht trinken. Vielleicht werden wir als Familie feiern.

Zusammen.

Ich beeile mich auf dem Rest des Heimwegs, freue mich darauf, Emilia zu sehen, mit Becca zu schwatzen, und meinen Koffer zu packen. Als ich aber unser Zimmer betrete, ist Emilia nirgendwo zu sehen. She hat auf meinem Schreibtisch eine Nachricht hinterlassen, zwischen dem Durcheinander meiner Papieren und ihrem ordentlichen Bücherregal:

Bin zum Proben gegangen.

Ich runzle die Stirn. Selbst *ich* habe den Abend freigenommen. Die meisten Schüler sind am Feiern. Warum übt sie gerade jetzt?

Ich stiefele aus dem Zimmer und mache mich auf dem Weg zum Studio. Musik dröhnt aus den Lautsprechern. Ich öffne die Tür und stecke meinen Kopf hinein.

"Emilia?" I call softly, not wanting to scare her. If she's practicing her jumps, she doesn't need me to frighten her.

But I don't need to worry.

"I don't want to hear it!" Emilia shouts at Nick. "You were right. You and I . . . we'll never work!"

"This is bs and you know it. I was wrong." He pauses. "I can't stop thinking about you." Her mouth gapes open. "I want to kiss you. Tell me you don't want me to and I won't." He pauses. They stare at each other for a few seconds. Emilia rises on her toes, and Nick cups her face with one hand while the other snakes around her waist.

He watches her, giving her enough time to move away or say something. When she doesn't, he leans his face toward her.

"You're driving me crazy," he tells her. She's about to say something back, but their lips meet and it's like watching a new dance unfolding in front of me. They get lost in one another.

I can't help but stare.

I've never been kissed. Not even once. Not even a little peck or while playing spin the bottle—okay, fine, I've never played spin the bottle. But still.

„Emilia?" rufe ich leise, da ich sie nicht erschrecken will. Wenn sie ihre Sprünge übt, ist das Letzte was sie braucht, dass ich ihr einen Schreck versetze.

Aber ich brauche mir darüber keine Sorgen zu machen.

„Ich will das nicht hören!" schreit Emilia Nick an. „Du hattest Recht. Du und ich . . . das wird nie funkionieren!"

"Das ist Bockmist und du weißt das. Ich habe mich geirrt." Er hält inne. „Ich kann nicht aufhören, an dich zu denken." Ihr Mund fällt offen. „Ich will dich küssen. Sag mir, dass du das nicht willst, und ich tu's nicht." Er macht eine Pause. Sie starren einander für ein paar Sekunden an. Emilia erhebt sich auf ihre Zehenspitzen, und Nick umrahmt ihr Gesicht mit einer Hand, während die andere sich um ihre Hüfte schlingt.

Er beobachtet sie, um ihr genügend Zeit zu geben, wegzutreten oder etwas zu sagen. Als sie das nicht tut, beugt er sein Gesicht auf sie zu.

„Du machst mich verrückt", sagt er ihr. Sie will gerade etwas sagen, aber ihre Lippen treffen sich und es ist, als ob ich einen neuen Tanz sehe, der sich vor mir entfaltet. Sie verlieren sich ineinander.

Ich kann nicht anders, als zu starren.

Ich bin noch nie geküsst worden. Nicht ein einziges Mal. Noch nicht einmal ein kleines Küsschen auf die Wange oder beim Flaschendrehen – okay, gut, ich habe noch nie Flaschendrehen gespielt. Aber trotzdem.

They pull apart. Emilia's eyes widen, but then she tugs him back to her. She whispers something I can't hear. Something I probably shouldn't hear.

I slowly close the door behind me, wishing Emilia trusted me enough to tell me about what's going on, missing the easy conversations Becca and I always had during our summers together.

Back in our dorm room, I pick up my phone and dial Becca's number but it goes straight to voice mail.

"Hi, Becca. Sorry I've been MIA. Call me back."

I slowly pack my bag, making sure I bring Fuzzy with me. He takes up a quarter of the space, but I can't leave him behind even for a night. I still have leggings and several leotards at my parents' house, but I add one more dance outfit just in case.

Emilia enters the room, her cheeks red and her hair more out of control than usual. Tears shine at the corner of her eyes.

"Are you okay?" I ask, unsure if I should bring up what I saw in the rehearsal room or not.

Sie zerren sich auseinander. Emilias Augen weiten sich, aber dann zieht sie ihn wieder an sich heran. Sie flüstert etwas, das ich nicht hören kann. Etwas, das ich wahrscheinlich nicht hören sollte.

Ich schließe die Tür langsam hinter mir und hoffe, dass Emilia mir genug vertraut, um mir zu sagen, was los ist, und ich vermisse die einfachen Gespräche, die Becca und ich immer während unserer Sommer zusammen gehabt haben.

Wieder in unserem Wohnheimzimmer, nehme ich mein Telefon und wähle Beccas Nummer, aber es landet direkt in der Voicemail.

„Hallo, Becca. Tut mir leid, dass wie vom Erdboden verschluckt war. Ruf mich zurück."

Ich packe langsam meine Tasche und stelle sicher, dass ich Fuzzy mitnehme. Er macht ein Viertel des Taschenraums aus, aber ich kann ihn nicht zurücklassen, noch nicht einmal für eine Nacht. Ich habe noch einige Leggings und mehrere Trikots bei meinen Eltern, aber ich füge ein Tanz-Outfit hinzu, für alle Fälle.

Emilia kommt ins Zimmer, ihre Wangen rot und ihr Haar noch mehr außer Kontrolle als üblich. Tränen schimmern in ihren Augenwinkeln.

„Bist du okay?" frage ich, nicht sicher, ob ich erwähnen soll, was ich im Übungsraum gesehen habe oder nicht.

"Totally fine." She shrugs. "Tired, that's all. What time are you leaving tomorrow?"

"Super early. I have a morning flight."

"I have to get up to spend some time with my nonna. Do you mind if I turn in early?" She yawns as if to prove her point.

"Of course not. I'll just keep the little desk light on if that's cool."

She picks up her shower bag, her bright-blue towel, and her pj's. "You know, sometimes I wonder if I'm cut out for all of this." She sighs. "I'm happier in the restaurant with my nonna than I am here. But I'm good, right?"

"You're amazing," I reply, tugging on my necklace. I look directly at her. "But dancing should make you happy."

"I don't know what makes me happy." She lets out a short laugh and blows a strand of hair away from her face. "Listen to me, having a pity party. I'll be back." She heads off, and I stare at her retreating back, not understanding her.

Dancing's the *only* thing that makes me happy.

„Total cool." Sie zuckt die Achseln."Müde, das ist alles. Um wieviel Uhr reist du morgen ab?"

„Superfrüh. Ich habe einen Flug am Morgen."

„Ich muss aufstehen, um ein bisschen Zeit mit meiner Nonna zu verbringen. Macht es dir etwas aus, wenn ich früh zu Bett gehe?" Sie gähnt, als ob sie ihren Punkt unterstreichen wollte.

„Natürlich nicht. Ich lasse nur die kleine Schreibtischlampe an, wenn's dir recht ist."

Sie nimmt ihren Duschbeutel, ihr hellblaues Handtuch, und ihren Pyjama. „Weißt du, manchmal frage ich mich, ob ich das Zeug für all das habe." Sie seufzt. „Ich bin glücklicher im Restaurant mit meiner Nonna als hier. Aber ich bin gut, nicht?"

„Du bist toll", antworte ich und zupfe an meiner Halskette. Ich sehe sie direkt an. „Aber das Tanzen sollte dich glücklich machen."

„Ich weiß nicht, was mich glücklich macht." Sie stößt ein kurzes Lachen aus und bläst eine Haarsträhne aus dem Gesicht. „Hör mir nur zu, triefend vor Selbstmitleid. Bin gleich zu zurück." Sie geht weg und ich starre ihrem verschwindenden Rücken nach, ohne jegliches Verständnis.

Tanzen ist das *einzige*, was mich glücklich macht.

Four days after the audition

March 23rd, 6 p.m.

I STRUGGLE TO OPEN MY EYES AGAIN, but the whispers around me intensify, making it impossible to believe I'm having a nightmare.

"Someone has to tell her," Uncle Yuri says.

"She already knows," Mama replies. "It was written on her face. She already knows." Her voice cracks.

"Papoushka?" I whisper, and my uncle rushes to my side. I struggle to sit up, wincing at the pain. There's a hole where my heart used to be. I shouldn't be able to breathe. But I can. I am alive, but it doesn't feel like I can really be happy or thankful until I see Papa, until I know he's okay.

"Katya," Uncle Yuri calls. Mama tiptoes closer to me. I can see her blue eyes full of tears.

My chest constricts.

"Your papa . . ." Tears fall down her beautiful face. I want to tell her that it will be okay, that Papa would never leave us, that he's here somewhere, ready to hold her, ready to hold me. Uncle Yuri wraps an arm around her shoulder, but she shakes it off. "Your papa's gone, Natoushka."

Vier Tage nach dem Vortanzen

23. März, 6 Uhr abends

ICH BEMÜHE MICH, MEINE AUGEN wieder zu öffnen, aber das Flüstern um mich herum wird intensiver und macht es unmöglich, zu glauben, dass ich nur in einem Alptraum bin.

„Jemand muss es ihr sagen", sagt Onkel Yuri.

„Sie weiß es bereits", erwidert Mama . „Es war über ihr ganzes Gesicht geschrieben. Sie weiß es schon." Ihre Stimme bricht.

„Papoushka?" flüstere ich, und mein Onkel eilt an meine Seite. Ich ringe darum, mich aufzusetzen, zucke vor Schmerz zusammen. Da ist ein Loch, wo mein Herz 'mal war. Ich sollte nicht atmen können. Aber ich kann. Ich bin am Leben, aber es fühlt sich nicht so an, als ob ich richtig glücklich oder dankbar sein kann, bis ich Papa sehe, bis ich weiß, dass es ihm gut geht.

„Katya", ruft Onkel Yuri. Mama kommt auf Zehenspitzen näher an mich heran. Ich kann ihre blauen Augen voller Tränen sehen.

Meine Brust verengt sich.

„Dein Papa . . ." Tränen rollen ihr schönes Gesicht hinunter. Ich möchte ihr sagen, dass alles gut werden wird, dass Papa uns nie verlassen würde, dass er hier irgendwo ist, bereit, sie zu halten, bereit, mich zu halten. Onkel Yuri schlingt einen Arm um ihre Schulter, aber sie schüttelt ihn ab. „Dein Papa ist fort, Natoushka."

"No. He can't be. He can't be gone," I whisper. And then sobs rack my body. The pain intensifies, but the sadness overwhelms everything.

„Nein, das kann er nicht. Er kann nicht weg sein", flüstere ich. Und dann erschüttert das Schluchzen meinen Körper. Der Schmerz verstärkt sich, aber die Trauer überwältigt alles.

Five days after the audition

March 24th, 4 p.m.

Numb.

There's no other word to express how I feel right now. My tears stopped falling after two days, but the lump in my throat hasn't gone away. I stare into space, trying to tune out the noises surrounding me: the carts in the hallways full of hospital food, the people coming in and out of other patients' rooms, some of them hugging, some of them crying, some of them praying, some of them kissing as if they want to remind themselves they're alive.

Papoushka's not.

I'll never see him again and just thinking about him makes it hard to breathe. He'll never play the piano again with a smile on his face.

Because I didn't convince him to let me stay behind. Because I didn't convince him to not drive me to the airport. Because, then in the car I had to pry, I had to keep on bugging him, distracting him, challenging him.

Fünf Tage nach dem Vortanzen

24. März, 4.00 Uhr nachmittags

Taub.

Es gibt kein anderes Wort, um auszudrücken, was ich jetzt fühle. Meine Tränen haben nach zwei Tagen aufgehört zu fließen, aber der Kloß im Hals ist nicht verschwunden. Ich starre ins Leere und versuche, the Geräusche um mich herum auszutunen: die Karren, die mit Krankenhausessen beladen sind, die Leute, die in und aus anderen Krankenzimmern kommen, einige, die sich umarmen und einige, die weinen, einige beten, und einige, die sich küssen, als ob sie sich daran erinnern wollen, dass sie noch am Leben sind.

Papoushka aber nicht.

Ich werde ihn nie wieder sehen, und nur das Denken an ihn macht es schwer, zu atmen. Er wird nie wieder Piano spielen mit einem Lächeln auf dem Gesicht.

Weil ich ihn nicht überzeugt habe, mich zurückzulassen. Weil ich ihn nicht davon überzeugt habe, mich nicht zum Flughafen zu fahren. Weil ich im Auto unbedingt nachhaken musste, ihn immer weiter nerven musste, und ihn abgelenkt und herausgefortert habe.

I've forgotten some pieces of the accident. I can't remember exactly what Papa said before we swerved. The doctor assured me that it's normal.

But when I asked about my leg, he told me it was going to take months to heal. That even after it heals it might still be too fragile to go back to dancing professionally. He doesn't know me. If there's even a tiny chance, I'll take it. I'll work my ass off to make sure that I grab it.

I turn my head to Uncle Yuri slowly. It's still painful to do that. "Did the school call?"

He nods, but doesn't meet my eyes.

"What did they say?" I ask.

Still nothing from Uncle Yuri.

"Someone has to tell me, and Mama isn't here. Please.

"They said you got the role. You were right. The director said he's holding a spot for you when— if you can come back."

I had it," I whisper. "I really had it." My throat burns, and I close my eyes, remembering how it felt to be onstage, the way my body morphed into a story, the way my heart belonged to dancing. When I open my eyes again, I turn to Uncle Yuri and, without a word, his hand finds mine and he squeezes.

Ich habe einige Stücke des Unfalls vergessen. Ich kann mich nicht genau erinnern, was Papa gesagt hat, als wir ausgeschwenkt sind. Der Arzt hat mir versichert, dass das normal ist.

Aber als ich nach meinem Bein gefragt habe, hat er gesagt, dass es Monate brauchen wird, bis es heilt. Dass es selbst nach der Heilung immer noch zu gebrechlich sein könnte, um wieder professionell zu tanzen. Er kennt mich nicht. Wenn da auch nur die klitzekleinste Chance ist, dann nehme ich sie. Ich werde mir den Arsch abarbeiten, um zu erreichen, dass ich es packe.

Ich drehe meinen Kopf langsam zu Onkel Yuri hin. Es tut immer noch weh, das zu tun. „Hat die Schule angerufen?"

Er nickt, aber er sieht mir nicht in die Augen.

„Was haben sie gesagt?" frage ich.

Immer noch nichts von Onkel Yuri.

„Jemand muss es mir sagen, und Mama ist nicht hier. Bitte."

„Sie haben gesagt, dass du die Rolle bekommen hast. Du hattest Recht. Der Direktor sagt, dass sie dir den Platz halten werden, wenn – falls du zurückkommen kannst."

„Ich hab's gehabt", flüstere ich."Ich hab's wirklich gehabt." Mein Hals brennt, und ich schließe meine Augen und erinnere mich, wie es sich angefühlt hat, auf der Bühne zu sein, wie mein Körper sich in eine Geschichte verwandelt hat, die Art, wie mein Herz dem Tanzen gehört. Als ich die Augen wieder öffne, wende ich mich Onkel Yuri zu und ohne ein Wort findet seine Hand die meine, und er drückt sie.

Mama swings into the room, her blond hair falling on her shoulders. She's wearing jeans, her snow boots, and one of Papa's sweaters. She's carrying a bouquet of lilies with her—my favorite flowers, the ones Papoushka always gave me after a recital or on my birthday. She freezes in front of my bed and fumbles in her bag. I know what she's looking for, but instead of pulling out her flask and taking a swig, she wraps her arms around herself.

"Thanks for the flowers, Mama," I say. She nods, not looking my way. For a split second, I think today's the day she'll take me in her arms and hold me, a day we can both mourn my father. I stare at her and try to squish the small part of me that wants to yell at her for getting Papoushka so worked up, for making him so sad all weekend.

"That's what your papa would have wanted." She struggles to speak. "Your father loved you so much," she whispers. "You know that."

Uncle Yuri squeezes my hand one more time. "He would have done everything for her," he says. "I told Nata about the auditions. She needed to know she came in first. She needs to know she always comes first."

Mama pendelt ins Zimmer, ihr blondes Haar fällt ihr auf die Schultern. Sie trägt Jeans, ihre Schneestiefel, und einen von Papas Pullovern. Sie trägt einen Strauß Lilien mit sich – meine Lieblingsblumen, diejenigen, die Papoushka mir immer nach einer Vorstellung oder zu meinem Geburtstag geschenkt hat. Sie erstarrt vor meinem Bett und fummelt in ihrer Tasche. Ich weiß, wonach sie sucht, aber anstatt ihren Flachmann herauszuziehen, um einen Schluck zu trinken, wickelt sie ihre Arme um sich selbst herum.

„Danke für die Blumen, Mama", sage ich. Sie nickt, ohne in meine Richtung zu sehen. Für den Bruchteil einer Sekunde denke ich, dass dies der Tag ist, an dem sie mich in ihre Arme nimmt und mich hält, der Tag, an dem wir beide um meinen Vater trauern können. Ich starrt sie an und versuche, den kleinen Teil in mir zu zerquetschen, der sie dafür anschreien will, dass sie Papa immer so aufgebracht hat, dafür, dass sie ihn das ganze Wochenende so traurig gemacht hat.

„Das ist das, was dein Papa gewollt hätte." Sie ringt darum, zu sprechen. „Dein Vater hat dich so geliebt", flüstert sie. "Du weißt das."

Onkel Uncle Yuri drückt meine Hand noch einmal. „Er würde alles für sie getan haben", sagt er. „Ich habe Nata über das Vortanzen erzählt. Sie musste wissen, dass sie die Erste war. Sie muss wissen, dass sie immer an erster Stelle steht."

Mama turns away from us. "I have to go," she mutters. "I have to see the doctor."

"I'll come with you," he says, then kisses my forehead. "I'll be back." He sighs. "You look so much like him. You smile the same way." His shoulders sag, and there's so much in his eyes, as if looking at me is too much, too hard, too big of a reminder of the family he lost.

***

When Mama comes back into the room, she's alone.

"Where's Uncle Yuri?"

"A client called. He has to head back to New York," she explains, fidgeting. "I have to go, too, but I'll see you tomorrow, okay?"

"I'll be here," I say. "Can you hand me my iPod?" She grabs it from the nightstand and places it in my open palm.

She stares at me for a second, and without a kiss or so much as a "good night," she leaves me there. She didn't even tell me what the doctor said.

I turn my iPod to The Chopin Collection and close my eyes, imagining Papoushka is the one playing for me.

Mama wendet sich von uns ab. „Ich muss los", murmelt sie. „Ich muss den Arzt sehen."

„Ich komme mit dir", sagt er, dann küsst er meine Stirn. „Ich bin bald zurück." Er seufzt. „Du siehst so sehr aus wie er. Du lächelst auf die gleiche Art." Seine Schultern hängen herunter, und da ist so viel in seinen Augen, als ob mich anzuschauen zu viel ist, zu schwer, zu sehr eine Erinnerung an die Familie, die er verloren hat.

***

Als Mama ins Zimmer zurückkommt, ist sie allein.

„Wo ist Onkel Yuri?"

„Ein Klient hat angerufen. Er muss nach New York zurück", erklärt sie, unruhig. „Ich muss auch los, aber ich sehe dich morgen, okay?"

„Ich werde hier sein", sage ich. „Kannst du mir meinen iPod herüberreichen?" Sie nimmt ihn vom Nachttisch und legt ihn in meine offene Handfläche.

Sie starrt mich eine Sekunde an und ohne einen Kuss oder auch nur ein "Gute Nacht" läßt sie mich hier zurück. Sie hat mir nicht einmal mitgeteilt, was der Arzt gesagt hat.

Ich schalte meinen iPod auf *The Chopin Collection,* schließe meine Augen und stelle mir vor, dass Papoushka es ist, der für mich spielt.

Five months after the audition

August 22nd, 5 p.m.

ALMOST ALL THE MOVING boxes are still in the hallway, but Mama's already upstairs. She said she needed to "rest," but when I went to check on her she was walking from her bedroom to the bathroom with a bottle of vodka in her hand. She's probably passed out on the cold tiles now.

Babushka's house is familiar and foreign all at once. I've spent so many happy summers here, running down the hallways, asking my grandmother to tell me stories about her life back in Russia, creating stories with the several sets of wooden *matryoshka* dolls Babushka kept on her shelves. But without her, without Papa, the house mocks my happy memories, as if it knows I won't be making any new ones anytime soon.

Fünf Monate nach dem Vortanzen

22. August, 5 Uhr nachmittags

FAST ALLE UMZUGSKISTEN sind noch auf dem Flur, aber Mama ist bereits oben. Sie sagt, sie muss „sich hinlegen", aber als ich nach ihr gesehen habe, ist sie gerade mit einer Wodkaflasche in der Hand von ihrem Schlafzimmer ins Badezimmer gegangen. Sie liegt jetzt wahrscheinlich sternhagelvoll auf den kalten Fliesen.

Babushkas Haus ist altbekannt und fremd zugleich. Ich habe so viele glückliche Stunden hier verbracht, bin die Flure heruntergerannt, habe meine Großmutter um Geschichten über ihr Leben in Russland angebettelt, und Geschichten mit den verschiedenen Sets von hölzernen *matryoshka* – Puppen erfunden, die Babushka auf ihren Regalen hatte. Aber ohne sie, ohne Papa, verspottet das Haus meine glücklichen Erinnerungen, als ob es wüßte, dass ich so bald keine neuen erschaffen werde.

My knee brace makes it difficult to carry boxes up the stairs to my room, but I want to do something. I can't stand still or watch TV knowing Mama's upstairs finding yet another bottle in which to forget about me. If Uncle Yuri were here, he could help, but I haven't seen him since he left my room with Mama to go talk to the doctor. I haven't heard from him, either. He didn't even come to the funeral.

The doorbell rings.

Probably another neighbor bringing us a pie or a casserole. Everyone's been so welcoming. I quickly check in the mirror that the scar on my cheek—another memory of the car crash—is well hidden by my make-up and open the door.

I can't help but smile when I see Becca standing in front of me. Her wild hair frames her face, and she runs her hand through it once, twice, three times, trying to tame it unsuccessfully.

Her light-brown eyes roam my face as if she's trying to figure me out. She's called a few times, and we talked for a bit, but I haven't opened up. I haven't cried. I haven't told her how much everything hurts, how it's killing me on the inside to see Mama waste away, how much I miss my father, how I wish I could turn back time, and how I have no idea who I am anymore.

Meine Kniestütze macht es schwierig, Kisten die Treppen zu meinem Zimmer hinaufzutragen, aber ich will etwas zu tun haben. Ich kann nicht still stehen oder fernsehen, wohl wissend, dass Mama oben eine weitere Flasche finden wird, in der sie mich vergessen kann. Wenn Onkel Yuri hier wäre, könnte er helfen, aber ich habe ihn nicht gesehen, seit er mein Zimmer mit Mama verlassen hat, um mit dem Arzt zu sprechen. Ich auch nicht von ihm gehört. Er ist noch nicht einmal zur Beerdigung gekommen.

Es klingelt an der Tür.

Wahrscheinlich noch ein Nachbar, der uns einen Kuchen oder einen Auflauf bringt. Jeder ist so freundlich. Ich überprüfe schnell im Spiegel, ob die Narbe auf meiner Wange - ein weiteres Andenken an den Unfall – gut unter meinem Make-up versteckt ist und öffne die Tür.

Ich kann mir nicht helfen und muss lächeln, als ich Becca vor mir stehen sehe. Ihr wildes Haar umrahmt ihr Gesicht und sie fährt einmal, zweimal, dreimal mit der Hand darüber in dem erfolglosen Versuch, es zu zähmen.

Ihre hellbraunen Augen schweifen über mein Gesicht, als ob sie versucht, mich zu durchschauen. Sie hat ein paar Mal angerufen, und wir haben uns ein wenig unterhalten, aber ich habe mich nicht aufgeschlossen. Ich habe nicht geweint. Ich habe ihr nicht erzählt, wie sehr alles weh tut, wie sehr es mich innerlich umbringt, Mama kaputt gehen zu sehen, sie sehr ich meinen Vater vermisse, wie ich wünschte, ich könnte die Zeit zurückdrehen, und dass ich keinen blassen Schimmer mehr habe, wer ich eigentlich bin.

Becca tilts her head. "Am I going to stay on the porch?" She nudges me and smiles, and then pats my arm, knowing how I am about hugging.

"Mama's sleeping," I tell her.

Becca raises an eyebrow. "I came to see you, not your mom." I step to the side, opening the door wider to let her in. I can't be completely rude to my best friend. "And when did you hair turn black?"

"Yesterday. I kind of experimented," I tell her.

"Experimented how? It looks awesome!" she replies.

I can't tell her I grabbed a pair of scissors and chopped it off.

Mama was somewhere drinking or dozing, and when I looked into the mirror, I saw a reflection of her looking at me: the same hair, the same sad look, the same frown. Luckily, my babushka's hairdresser helped me out after the fact and made it look like a cut instead of a crazy moment.

Becca shifts her feet. "Do you need help moving in? I can bring some boxes upstairs. You're staying in your old room, right?"

Becca legt ihren Kopf zur Seite. "Bleib ich hier auf der Veranda?" Sie gibt mir einen Schubs, lächelt, und klopft mir dann auf den Arm, wohl wissend, wie ich zu Umarmungen stehe.

„Mama schläft", teile ich ihr mit.

Becca hebt eine Augenbraue. „Ich bin gekommen, um dich zu sehen, nicht deine Mutter." Ich trete zur Seite, öffne die Tür weiter, um sie hereinzulassen. Ich kann schließlich nicht total ungehobelt zu meiner besten Freundin sein. „Und wann hat sich dein Haar schwarz gefärbt?"

„Gestern. War 'ne Art Experiment", sage ich ihr.

„Wie, ein Experiment? Das sieht total cool aus!" antwortet sie.

Ich kann ihr nicht sagen, dass ich eine Schere geschnappt habe und es abgehackt habe.

Mama war irgendwo am Trinken oder Dösen, und als ich in den Spiegel geschaut habe, hat mich ein Spiegelbild von ihr angesehen: dasselbe Haar, derselbe traurige Blick, das gleiche Stirnrunzeln. Glücklicherweise hat mich der Friseur von meiner Babushka nach der Tat gerettet und es wie einen Haarschnitt aussehen lassen, anstelle eines verrückten Moments.

Becca verlagert ihren Fuß. "Brauchst du Hilfe beim Einziehen? Ich kann ein paar Kisten nach oben bringen. Du bist doch wieder in deinem alten Zimmer, oder?"

My stomach tightens. Dramatic scenarios go through my mind, like us going upstairs and Mama throwing a fit, smashing things on the floor like she sometimes does, or she actually leaves her room, totally wasted. No one can know about her, about her crappy coping mechanisms. I need to protect her, even if I barely can remember the last time we actually had a conversation that didn't end up in her crying or yelling or just staring right through me.

My babushka passed away almost a year ago, my papa died, my uncle vanished from our lives without as much as a good-bye.

She's the only family I have left.

"Earth to Nata." Becca bumps her hip against mine.

"Most of my boxes are already upstairs. Do you want a Coke or a hot chocolate?" My smile feels more natural as I remember trips to our favorite coffee shop, Coffee & Mugs. They serve the yummiest hot chocolate, and despite the heat, we'd go there at least once every summer.

"Coke sounds good."

We sit at the kitchen table, which is full of paperwork—insurance, deeds, lawyer bills.

Mein Magen zieht sich zusammen. Dramatische Szenarien gehen durch meinen Kopf, wie wir nach oben gehen und Mama ausrastet und Dinge auf den Boden wirft, wie sie es manchmal tut, oder wie sie tatsächlich das Zimmer verläßt, total betrunken. Niemand muss das über sie wissen, über ihre beschissenen Bewältigungsstrategien. Ich muss sie beschützen, auch wenn ich mich kaum noch an das letzte Mal erinnere, wann wir eine Unterhaltung hatten, in der sie nicht am Ende geweint hat oder geschrien oder einfach nur durch mich hindurchgesehen hat.

Meine Babushka ist vor einem Jahr gestorben, mein Papa is gestorben, und mein Onkel ist aus unserem Leben verschwunden, ohne sich auch nur zu verabschieden.

Sie die einzige Familie, die ich noch habe.

„Erde an Nata." Becca stößt ihre Hüfte gegen meine.

„Die meisten meiner Kisten sind schon oben. Möchtest du eine Cola oder eine heiße Schokolade?" Mein Lächeln fühlt sich echter an, als ich mich an die Ausflüge zu unserem Lieblingscafé, *Coffee & Mugs* erinnere. Da servieren sie die leckerste heiße Schokolade, und trotz der Hitze sind wir da immer mindestens einmal pro Sommer hingegangen.

„Cola klingt gut."

Wir sitzen am Küchentisch, der mit Papierkram bedeckt ist – Versicherungen, Urkunden, Anwaltsrechnungen.

"Do you want to talk about it?" Becca asks, and I know she won't push me if I say no.

I shake my head. "I can't believe I'm starting school in a few days."

"You should totally come out with us later tonight. We're having one last bonfire by the lake." She winks. "Plus, there's this guy you need to meet."

I search my brain for the one she's talked about every summer. She's had a crush on this one guy forever. "James?"

She blushes and swats her hand in front of her face. "No. I mean, James might be there. He's back from summer camp, but he's not feeling that great, so he might not come." She pauses. "You need to meet one of my friends. I think you guys would totally hit it off."

"Why?" I can't help but ask.

"He's totally your type."

"I don't have a type."

„Willst du darüber reden?" fragt Becca, und ich weiß, dass sie mich nicht bedrängen wird, wenn ich nein sage.

Ich schüttele meinen Kopf. „Ich kann nicht glauben, dass ich in einigen Tagen mit der Schule anfangen werde."

„Du solltest echt heute Abend mit uns hinausfahren. Wir werden ein letztes Lagerfeuer am See machen." Sie zinkert. „Außerdem ist da dieser Typ, den du kennenlernen musst."

Ich suche mein Gehirn nach dem einen ab, über den sie jeden Sommer gesprochen hat. Sie ist schon seit ewig in ihn veknallt. „James?"

Sie wird rot und schlägt die Hand vor ihr Gesicht. „Nee. Also gut, James könnte wohl da sein. Er ist aus dem Sommercamp zurück, aber ihm geht's nicht so gut, so vielleicht kommt er nicht." Sie hält inne. „du musst einen meiner Freunde kennenlernen. Ich glaube, es würde sofort zwischen euch funken."

„Wieso?" kann ich der Frage nicht widerstehen.

„Er ist ja so total dein Typ."

„Ich habe keinen Typ."

"Everybody has a type. Plus, he's James's best friend, and if James and I finally end up going out at some point in my life, then we could double." She smiles and runs her hand through her hair again. "Even if you two don't hit it off, come out with us tonight. You'll meet everyone before school starts. It'll be fun."

For a moment, I consider it. I haven't been to a bonfire in ages. I haven't been around *people* in ages.

I also haven't left Mama alone in ages. I can't start now, not when she's drinking her weight in vodka.

"I'm sorry. I can't. Mom needs me to help unpack." And she also needs me to pretend she doesn't have a problem. Good luck to me.

"Are you sure?"

There's a loud crash from upstairs, and my pulse accelerates. If Mama comes down drunk, what am I going to tell Becca?

"Totally. But thanks for stopping by." I stand up.

"Oh, okay. Sure, I'll get going." Becca watches me carefully. I strive to keep my blank mask on. "I'll call you," she says. "Or you can call me, too."

„Jeder hat einen Typ. Außerdem, er ist der beste Freund von James, und falls James und ich endlich doch 'mal ausgehen in diesem Leben, dann könnten wir ein Doppel machen." Sie lächelt und fährt die Hand wieder durch ihr Haar. „Selbst wenn es zwischen euch beiden nicht klickt, komm mit uns heute Abend. Du wirst alle kennenlernen, bevor die Schule anfängt. Das wird Spaß machen."

Für einen Moment lang ziehe ich es in Betracht. Ich bin schon seit Ewigkeiten zu keinem Lagerfeuer gegangen. Ich bin schon seit Ewigkeiten nicht mehr mit *Leuten* zusammen gewesen. Ich habe auch schon seit Ewigkeiten Mama nicht allein gelassen. Ich kann damit nicht gerade jetzt anfangen, nicht, wenn sie ihr Gewicht in Wodka vertrinkt.

„Tut mir echt leid. Ich kann nicht. Mama braucht mich, um beim Auspacken zu helfen." Und sie braucht mich auch, um so zu tun, als ob sie kein Problem hätte. Na, viel Glück damit.

„Bist du sicher?"

Da kommt ein lautes Krachen von oben, und mein Puls beschleunigt sich. Wenn Mama betrunken nach unten kommt, was erzähle ich Becca?

„Ja, total. Aber danke für's Vorbeischauen." Ich stehe auf.

„Oh, okay. Klar, ich komm besser in die Gänge." Becca beobachtet mich aufmerksam. Ich bemühe mich, meine leere Maske aufzubehalten. „Ich ruf dich an", sagt sie. „Oder du kannst mich auch anrufen."

"Okay." I hear another thump upstairs, and my palms start to sweat. "I have to go." I stand up and gesture for Becca to follow me. "But thanks again for coming."

I close the door on a bewildered Becca and then hurry upstairs, pushing the bathroom's door but Mama isn't there anymore.

"Mama," I call. No answer. I step into her bedroom. She's sprawled on the floor surrounded by shattered picture frames that she must have been smashing against the wall or something. There are only a few left that have escaped her outburst unscathed.

"Come on, Mama. You need to rest." I carefully take one of the frames out of her hand. She doesn't resist but turns her pale eyes to me.

"We killed him," she whispers. I half carry her to bed, wincing at the pain radiating through my knee as I put too much weight on it. I pull the covers over her. "We killed him," she says again before closing her eyes. She starts snoring softly.

I brush a few long blond strands of hair away from her face. "No, you didn't. I was in the car. Not you, Mama."

„Okay." Ich höre einen weiteren Bums oben und meine Handflächen fangen zu schwitzen an. "Ich muss los." Ich stehe auf und mache eine Geste für Becca, mir zu folgen. „Aber nochmal danke für's Kommen."

Ich schließe die Tür hinter einer verwirrten Becca und eile nach oben und schiebe die Badezimmertür, aber Mama ist da nicht mehr drin.

„Mama", rufe ich. Keine Antwort. Ich trete in ihr Schlafzimmer. Sie ist auf dem Boden ausgesteckt, umgeben von zerbrochenen Bilderrahmen, die sie gegen die Wand geschmettert haben muss oder sowas. Da sind nur einige wenige, die ihren Ausbruch unversehrt überstanden haben.

„Komm schon, Mama. Du musst dich ausruhen." Ich nehme vorsichtig einen der Bilderrahmen aus ihrer Hand. Sie widersteht nicht, aber wendet mir ihre hellen Augen zu.

„Wir haben ihn umgebracht", flüstert sie. Ich trage sie halb zu Bett und zucke zusammen bei dem Schmerz, der durch mein Knie rast, als ich zu viel Gewicht darauf lade. Ich ziehe die Decke über sie. „Wir haben ihn umgebracht", sagt sie wieder, bevor sie die Augen schließt. Sie fängt an, sanft zu schnarchen.

Ich streiche ein paar blonde Strähnen aus ihrem Gesicht. „Nein, hast du nicht. Ich war im Auto. Nicht du, Mama."

I'm not sure she can hear me, and I know I don't get through to her, but I still need to try.

I readjust the pillow under her head, and when her snoring grows louder, I tiptoe out of her room and enter mine.

I fall on my bed and rub my temples. A headache is coming. And tears would come, too, if I let them. But right now, I can't.

I replay my conversation with Becca. There's no way in hell I'm going to start dating now. I've seen what falling in love does to people. It destroys them and their dreams. If Mama and Papa hadn't loved each other to the point of hating each other, maybe he'd still be alive.

I won't let myself fall into that trap.

But I *will* dance again.

Ich bin nicht sicher, ob sie mich hören kann, und ich weiß nicht, ob ich zu ihr durchkomme, aber ich muss es trotzdem versuchen.

Ich richte das Kissen unter ihrem Kopf aus, und als ihr Schnarchen lauter wird, gehe ich auf Zehenpitzen aus ihrem Zimmer und in das meine.

Ich falle auf mein Bett und reibe mir die Schläfen. Ein Kopfschmerz ist im Anlauf. Und die Tränen würden auch kommen, wenn ich sie ließe. Aber das kann ich nicht zulassen, nicht gerade jetzt.

Ich spiele nochmal mein Gespräch mit Becca ab. Es kommt auf keinen Fall in Frage, dass ich jetzt mit dem Dating anfange. Ich habe gesehen, was das Verlieben den Leuten antut. Es zerstört sie und ihre Träume. Wenn Mama und Papa sich nicht so bis zum Hassen geliebt hätten, dann wäre er vielleicht noch am Leben.

Ich werde unter keinen Umständen in diese Falle gehen.

Aber ich *werde* wieder tanzen.

Thank you!

Thank you so much for reading ONE DREAM ONLY.

Do you want to know what happens to Nata? ONE TWO THREE is already available in English[1]. If you'd like to know when the German version or the English/German version comes out, don't hesitate to sign up for my newsletter.[2]

And if you'd like to hang out with me, find out about new books before anyone else...don't hesitate to join my Facebook Group: Elodie's Cozy Nook[3].

Oh and if you'd like to leave a review for this book, I would be forever grateful...

---

1. http://smarturl.it/OneTwoThreeAmazon

2. https://docs.google.com/forms/d/1pE_2-GzJ6aDKovpNT-
fA4oaL1_ASP7Prk7FkXOhplUrU/viewform?usp=send_form

3. https://www.facebook.com/groups/954159761294820/

Vielen Dank!

Vielen, vielen Dank für das Lesen von ALLES FÜR MEINEN TRAUM!

Möchtest du wissen, was mit Nata passiert? EINS ZWEI DREI is schon auf Englisch verfuegbar[1]. Melde dich für meinen Newsletter an, um herauszufinden, wann EINS, ZWEI, DREI in deutscher Sprache herauskommt. [2]

Und wenn du in Facebook bist, würde ich mich freuen, wenn du bei meiner Facebook-Gruppe hereinschaust, Elodie's Cozy Nook[3]...

Du kannst ruhig eine Review für dieses Buch hinterlassen! Ich würde dir unendlich dankbar sein ...

---

1.   http://smarturl.it/OneTwoThreeAmazon

2.   https://docs.google.com/forms/d/1pE_2-GzJ6aDKovpNT-fA4oaL1_ASP7Prk7FkXOhplUrU/viewform?usp=send_form

3.   https://www.facebook.com/groups/954159761294820/

Acknowledgements

Thank you everone who picked up this book – I knw you have a lot of possibilities and I'm grateful you chose this one. Thanks also Gudrun for the German translation.

Thanks to my husband, the Chemical Engineer, who can always make me laugh, even when I want to scream. You are amazing. With you, I feel like I can do anything. I love you!

Thank you to Alison Miller and Jennifer Ellision, beta/CP extraordinaires. Thank you so much for reading *One Dream Only* and providing your comments . . . and for making me cry in the best possible way as I wrote a particular scene to ensure it was powerful enough.

To Danielle and Lorrie from Double Vision Editorial—you ladies rock. And I am so glad to be working to with you.

To Derek, for yet another wonderful cover.

To my family and friends, thank you for all the wonderful memories you help me create and for inspiring me.

Danksagungen

Vielen Dank an alle, die sich an dieses Buch herangewagt haben – ich weiß, dass ihr die Wahl hattet und bin so dankbar, dass ihr euch für dieses Projekt entschieden habt. Danke auch dir, Gudrun, für das Übersetzen ins Deutsche.

Dank an meinen Ehemann, den Chemieingenieur, der mich immer zum Lachen bringt, selbst wenn ich am liebsten schreien möchte. Du bist fantastisch. Mir dir fühle ich mich, als ob ich alles erreichen kann. Ich liebe dich!

Dank auch an Alison Miller und Jennifer Ellision, beta/CP Extraordinaries. Vielen Dank für das Lesen der Originalversion *One Dream Only* und die Anmerkungen, die ich von euch bekommen habe ... und dafür, dass ihr mich in der bestmöglichen Weise beim Schreiben einer gewissen Szene zum Weinen gebracht habt, so dass ich sie stark genug dargestellen konnte.

An Danielle und Lorrie von Double Vision Editorial – ihr Ladys seid einsame Spitze. Und ich bin so froh, mit euch zu arbeiten.

An meine Familie und Freunde, Dank euch allen für die wundervollen Erinnerungen, die ihr mir zu schaffen helft und dafür, dass ihr mich inspiriert.

About the Author

Elodie Nowodazkij is a YA and NA writer. She was raised in a tiny village in France and moved to the US at nineteen, where she learned she'd never lose her French accent. She now lives in Maryland with her husband, Peter The Cat and Plato The Dog (who don't seem to realize they're not human).

Sign up for her newsletter to get info on upcoming books, plus giveaways and other exclusives: http://bit.ly/1Ddrft5

And come hang out in her Facebook group: Elodie's Cozy Nook[1]

You can also send her an email: elodie@elodienowodazkij.com

Visit Elodie online at:

www.elodienowodazkij.com[2]

www.facebook.com/enowodazkij[3]

twitter.com/ENowodazkij[4]

Instagram.com/Enowodazkij

---

1. https://www.facebook.com/groups/954159761294820/
2. http://www.elodienowodazkij.com
3. http://www.facebook.com/elodienowodazkij
4. https://twitter.com/ENowodazkij

Über die Autorin

Elodie Nowodazkij ist eine Schriftstellerin von YA und NA-Literatur. Sie ist in einem kleinen Dorf in Frankreich aufgewachsen und dann mit 19 Jahren in die Vereinigten Staaten umgezogen, wo sie sich klar wurde, dass sie nie ihren französischen Akzent verlieren würde. Sie lebt jetzt in Maryland mit ihrem Mann, Peter dem Kater und Plato dem Hund (die beide nicht zu wissen scheinen, dass sie nicht ganz menschlich sind).

Melde dich bitte für ihren Newsletter an, um Infos über ihre anstehenden Bücher zu bekommen, sowie Giveaways und andere Exklusivangebote. Newsletter[1].

Und besuche sie in ihrer Facebook-Gruppe: Elodie's Cozy Nook[2].

Du kannst ihr auch eine Email schicken: elodie@elodienowodazkij.com

Besuche Elodie online unter:
www.elodienowodazkij.com[3]
www.facebook.com/enowodazkij[4]
twitter.com/ENowodazkij[5]
Instagram.com/Enowodazkij

1.	https://docs.google.com/forms/d/1pE_2-GzJ6aDKovpNT-fA4oaL1_ASP7Prk7FkXOhplUrU/viewform?usp=send_form

2.	https://www.facebook.com/groups/954159761294820/

3.	http://www.elodienowodazkij.com

4.	http://www.facebook.com/enowodazkij

5.	https://twitter.com/ENowodazkij

143

Über die Übersetzerin

Gudrun Clausen ist gebürtige Deutsche, die schon seit 17 Jahren versucht, jungen (und nicht so jungen) Leuten im sonnigen Süden von Mexiko zu helfen, ihre Träume mit Hilfe von Sprachtraining und anderen Mitteln zu verwirklichen, die ihr als Pädagogin zu Verfügung stehen.

Sie hat in Deutschland, den Staaten und Kanada studiert und lebt jetzt mit ihrer Hündin Chispa und den Katzen Carlota und Negrito (die nicht bemerkt zu haben scheinen, dass sie eigentlich im Nachbarhaus leben) In Oaxaca, Mexiko.

Sie würde gern wie Elodie schreiben, aber bis jetzt hat es nur zum Übersetzen gereicht. ☺

Don't miss out!

Visit the website below and you can sign up to receive emails whenever Elodie Nowodazkij publishes a new book. There's no charge and no obligation.

https://books2read.com/r/B-A-POS-OTHI

BOOKS 2 READ

Connecting independent readers to independent writers.

Also by Elodie Nowodazkij

Broken Dreams: Em & Nick
A Summer Like No Other
Always Second Best

Broken Dreams: Natalya' story
One, Two, Three
One Dream Only

Gavert City
La peur dans le sang
Fear Me, Fear Me Not
Fürchte mich, Fürchte mich nicht
See Me, See Me Not
La peur dans les yeux
Trust Me, Trust Me Not
La peur en plein cœur

Geplatzte Träume
Alles für einen Traum

L'Histoire de Natalya
Un Seul Rêve
Vivre, Aimer, Danser...

Nick & Em
Un été pas comme les autres
Une Seconde Chance
In diesem einen Sommer

Standalone
Alles für einen Traum / Only One Dream (Zweisprachige Ausgabe: Englisch-Deutsch)
Eins Zwei Drei
Broken Dreams Box Set
Un été pas comme les autres - A Summer Like No Other: Livre Bilingue - Bilingual Book (French English)
Un amour en si mineur
Love in B Minor
Un Seul Rêve / One Dream Only
Un Seul Rêve/Alles für einen Traum (Zweisprachige Ausgabe: Deutsch-Französisch)

Amor em si menor
In diesem einen Sommer / A Summer Like No Other ((Zweisprachige Ausgabe: Englisch-Deutsch)
Leben, Lieben, Tanzen / Live, Love, Dance (Zweisprachige Ausgabe: Englisch-Deutsch)

Watch for more at www.elodienowodazkij.com.

Printed in Great Britain
by Amazon